Deutschbuch

7

Trainingsheft für Klassenarbeiten und Kompetenztests

Gymnasium Hessen

Herausgegeben von
Sabine Menzel, Bernd Schurf
und Andrea Wagener

Erarbeitet von
Kerstin Förster, Pia Heucke,
Sabine Menzel und Bernd Remmers

Cornelsen

Inhaltsverzeichnis

Wie du mit diesem Trainingsheft arbeiten kannst

Liebe Schülerin,
lieber Schüler,

in den 11 Kapiteln dieses Trainingsheftes findest du 11 Beispiele für alle Klassenarbeiten und den Kompetenztest.
Alle Kapitel enthalten schrittweise Übungen von der Themenstellung bis zur Überarbeitung des Aufsatzentwurfs und haben denselben Aufbau:

- Das eingerahmte **Thema der Klassenarbeit** eröffnet das Kapitel.
- Es folgen die **Materialien,** mit denen du arbeiten kannst; etwa ein Gedicht oder eine Geschichte, Zeitungstexte, Tabellen und Fotos.
- Im Abschnitt **A Die Aufgabe verstehen** lernst du, alle wichtigen Aspekte des Klassenarbeitsthemas zu erfassen.
- In **B Ideen sammeln** trainierst du Verfahren, gute Ideen, Materialien und Stoff zum Thema zu finden.
- **C Einen Schreibplan aufstellen** zeigt dir, wie du deine Materialien, Überlegungen und Notizen in eine übersichtliche, wirkungsvolle Ordnung bringen und anschließend die vollständige Klassenarbeit schreiben kannst.
- In Abschnitt **D Übungen** bearbeitest du wichtige Aufgaben der Klassenarbeit.
- In **E Den Textentwurf überarbeiten** trainierst du, aus einem ersten, unvollständigen Aufsatzentwurf eine möglichst vollständige Reinschrift zu machen.

Sicher hast du schon bemerkt, in welcher **Reihenfolge** du die Abschnitte der einzelnen Kapitel in diesem Trainingsheft am besten bearbeitest: Beginne mit dem Thema der Klassenarbeit und arbeite dich dann schrittweise durch die Abschnitte A–E.

Oft kannst du deine Lösungen direkt in das Trainingsheft eintragen. Manchmal reicht dafür der Platz nicht und du musst dein Heft oder ein eigenes Blatt (am besten DIN A4) verwenden. Vermerke deutlich, wozu es gehört; z. B.: zu Aufgabe 4, S. 15

Ein Wort zum beiliegenden **Lösungsheft:** Dort findest du Vorschläge und Lösungen zu den meisten Aufgaben und eine mustergültige Klassenarbeit. Selbstverständlich solltest du hier erst nachschlagen, wenn du eine eigene Lösung gefunden hast. Am besten nicht nach jeder Aufgabe, sondern erst nach jedem Abschnitt oder Unterkapitel.

Und in welcher **Reihenfolge** bearbeitest du die 11 Kapitel des Trainers?
Das hängt von der Klassenarbeit ab, auf die du dich vorbereiten möchtest. Frage deine/n Deutschlehrer/in.

Zur Vorbereitung auf den **Kompetenztest**, den du in Klasse 8 schreibst, eignet sich besonders Kapitel 11.

Aber selbst wenn gerade keine bestimmte Klassenarbeit oder Prüfung „ansteht“: Jedes Kapitel, mit dem du übst, macht dich fit im Schreiben.

Viel Erfolg!

PS: Übersieh nicht die **Umschlagseiten** vorn und hinten: Sie enthalten wichtige Regeln, Tipps und Techniken zur erfolgreichen Bearbeitung aller Kapitel dieses Heftes.

1 Sitten und Bräuche in Japan – Eine Anleitung verfassen

Aufgabenstellung

Du sollst für den Prospekt eines Reiseunternehmens eine Anleitung für das Benehmen bei dem Besuch eines traditionellen japanischen Restaurants verfassen, für den es einen festgelegten Ablauf und festgelegte Verhaltensweisen gibt. Entnimm folgender Erzählung alle Informationen, die dafür relevant sind, und verfasse eine genaue Verhaltensanleitung.

Christoph Fischer

Papa in Japan

Papa war im Auftrag seines amerikanischen Arbeitgebers mit Sitz in Deutschland zum ersten Mal auf Dienstreise in Japan. Seine Rückkehr nach Stuttgart feierten Mama, Papa und ich beim Italiener. Papa hatte viel zu erzählen.
Er fing damit an, wie ein Geschäftspartner, Herr Kasai, ihn zum Abendessen in ein Restaurant eingeladen hatte, in dem man die Schuhe ausziehen musste. „Im Eingangsbereich standen säuberlich aufgereiht jede Menge Schuhe", sagte Papa. „Herr Kasai zog seine aus und schlüpfte in Slipper, die ihm gereicht wurden." „Du hast hoffentlich deine guten Socken angehabt!", sagte Mama. Papa verdrehte die Augen. Dann erzählte er weiter. „Bevor wir die Slipper anzogen, wurden wir von einem Kellner empfangen, der sich mit durchgestrecktem Rücken vor uns verbeugte. Seine Verbeugung hatte fast einen 30°-Winkel, Herr Kasai verbeugte sich nur etwa halb so tief, und ich versuchte, es ihm gleichzutun. Bei der Begrüßung vermied der Kellner auch jeden Augenkontakt. Nach der Verbeugung sagte er freundlich lächelnd ‚irasshaimase', was so viel heißt wie ‚Kommen Sie bitte herein'." „Hast du auch mit Stäbchen essen müssen?", fragte ich. „Ja, sogar die Nudelsuppe", sagte Papa. „Die Nudeln wurden mit den Stäbchen über die Lippen geschaufelt. Dann trank Herr Kasai die Suppe aus. Die Japaner schlürften dabei hörbar. Ich versuchte, genauso zu schlürfen", sagte Papa lachend. „Aber zum Essen komme ich später. Als wir den Speiseraum zuerst betraten, hatte ich beinahe schon einen Fuß auf die dort ausgelegten Strohmatten gesetzt, als ich bemerkte, dass Herr Kasai nur in Socken auf diese Matten trat. Also zog ich rasch meinen Fuß zurück, schlüpfte aus den Slippern und betrat sockig den Sitzbereich. Der Kellner führte uns an einen Tisch und mir, dem

vor dem Essen ②

Gast, wurde ein Sitzplatz zugewiesen, der am weitesten von der Tür entfernt war. Herr Kasai nahm den Platz, der am nächsten zur Tür lag. In dem gut gefüllten Restaurant standen niedrige traditionelle Tische und die Besucher saßen auf dem Boden. Etwas unbeholfen setzte ich mich auch hin und wollte gerade die Beine unter den Tisch strecken, als ich sah, dass manche Gäste knieten, manche im Schneidersitz dasaßen.
Ich versuchte herauszubekommen, ob es dafür Regeln gab, ohne Herrn Kasai alles fragen zu müssen, und sah, dass die Frauen, die gerade aßen, dies kniend taten und dabei auf ihren Fußballen saßen. Nach dem Essen schienen sie eine andere, anscheinend bequemere Sitzhaltung einzunehmen. Manche von ihnen knieten, hatten aber beide Beine zu einer Seite abgewinkelt. Die Männer saßen meist im Schneidersitz, auch beim Essen."
Papa redete ohne Pause. Mama deutete mit ihrer Gabel auf seine Pizza, um ihn zum Essen zu bringen. Aber Papa sagte: „Im Übrigen ist es sehr unhöflich, wenn man mit Stäbchen auf andere zeigt." „Ich habe auf die Pizza gezeigt, nicht auf dich", sagte Mama und gab diesen Versuch, Papa zum Essen zu bringen, auf.
„Vor dem Essen reichte man uns ein feuchtes Handtuch, um die Hände zu reinigen. Alle Gäste aßen mit Stäbchen, die man zuerst aus einem verzierten Holzkästchen und einer Papierhülle nehmen und dann auseinanderbrechen musste."
Mama zeigte wieder auf Papas Pizza. Zu mir sagte sie: „Willst du nicht mal von der Schule erzählen?" „Nö", sagte ich, und Papa ergriff die Gelegenheit, um weiterzureden: „Dann gab es Sushi. Auf dem Tisch standen Wasabi-Creme und Soja-Soße, die ich über mein Essen kippte. Zum Glück hatte ich nicht von der Wasabi-Creme pur gegessen, der Meerrettich ist wahnsinnig scharf. Die Gäste neben mir sahen herüber und ich wusste sofort, dass ich etwas falsch gemacht hatte. Herr Kasai nahm die Soja-Soße, schüttete ein wenig in eine Schale, rührte etwas Wasabi mit den Stäbchen unter und tauchte die Sushi leicht ein.
Im Internet erfuhr ich später, dass man niemals Essen mit Stäbchen weiterreichen und die Stäbchen auch nie senkrecht in den Reis stecken darf. Nach dem Essen bekam Herr Kasai die Rechnung verdeckt gereicht und ging damit zur Kasse im Eingangsbereich, um zu bezahlen. Bei der Verabschiedung fiel mir auf, dass der Kellner die Schuhe vor der Tür so hingestellt hatte, dass man sofort wieder hineinschlüpfen konnte." Aus Papa sprudelte es nur so heraus. Er war gar nicht mehr zu bremsen und seine Müdigkeit schien vollkommen verflogen. „Jetzt iss erst mal deine Pizza", sagte Mama, deren Teller bereits fast leer war. Papa hatte kaum etwas von seiner Pizza gegessen. „Du darfst auch den Teller zum Mund führen", sagte ich, „und schlürfen." „Untersteh' dich", sagte Mama. „Hab ich schon erwähnt, dass man in Japan kein Trinkgeld gibt?", fragte Papa. „Iss!", sagten Mama und ich gleichzeitig.

A Was wird von mir verlangt?

1 *Kreuze an, welche Fähigkeiten beim Verfassen der Anleitung von dir verlangt werden.*

Ich soll ...

a) ☐ einen Text interpretieren.

b) ☐ die für ein bestimmtes Thema wichtigen Informationen von unwichtigen unterscheiden.

c) ☐ Informationen in einer möglichst ausgeschmückten Sprache wiedergeben.

d) ☐ einen Text gliedern.

e) ☐ Informationen in eine sinnvolle Reihenfolge bringen.

f) ☐ eine eigene Meinung zu den Gewohnheiten der Japaner formulieren.

2 *Zu welchem Zweck wird eine Anleitung geschrieben? Ergänze den folgenden Satzanfang.*

Nach dem Lesen meiner Verhaltensanleitung sollte man genau wissen, ____________________________________

____

____

B Informationen sammeln und ordnen

1 *a) Unterstreiche in dem Text die Informationen, aus denen du Regeln für deine Anleitung ableiten kannst.*
b) Ordne die Informationen: Schreibe in die Randspalte, zu welchem Handlungsschritt sie gehören. Nutze dazu den Wortspeicher.
c) Zu jedem Handlungsschritt gibt es mehrere Verhaltensregeln. Überlege, in welcher Reihenfolge sie aufeinander folgen, und nummeriere sie entsprechend. Auf der Seite 5 siehst du ein Beispiel.

TIPP
Du kannst Informationen nach **Oberbegriffen** oder **Handlungsschritten** ordnen. Das hilft dir, einen **Überblick** über das Thema zu **gewinnen.**

Wortspeicher
vor dem Essen — während des Essens — nach dem Essen

C Einen Schreibplan erstellen – Die Anleitung verfassen

1 *Ordne den Gliederungsteilen Einleitung, Hauptteil und Schluss die richtigen Inhalte zu, indem du durch Linien verbindest.*

a) Einleitung	1 Das Ergebnis des Vorgangs wird benannt oder ein Tipp gegeben; ein wichtiger Punkt kann nochmal aufgegriffen werden.
b) Hauptteil	2 Die einzelnen Informationen und Schritte werden geordnet und zu einer genauen Verhaltensanleitung ausformuliert.
c) Schluss	3 Thema, Adressat und Zweck der Anleitung werden benannt.

D Schreibübungen

1 *a) Welche der drei folgenden **Einleitungen** ist deiner Meinung nach am gelungensten? Kreuze an.*
b) Notiere darunter die Schwächen der beiden anderen Texte.

A Wenn du in Japan Hunger hast und du deswegen in einem traditionellen Restaurant essen willst, musst du nicht nur auf die Speisekarte achten, sondern dich auch an Regeln halten, die man schon lange festgelegt hat.

Die Anfänge ____ und ____ sind weniger gut gelungen,

denn ______________________________

____

____

____

B Bei einem Besuch eines traditionellen japanischen Restaurants gilt es, festgelegte Regeln und Abläufe zu kennen und einzuhalten, die von den Japanern als Zeichen der Höflichkeit und des Respekts verstanden werden. Diese Anleitung führt daher in die wichtigsten Abläufe ein und ist eine Erleichterung für alle Japan-Besucher.

C Traditionelle japanische Restaurants und ihre Kellner sind für uns Europäer ein Buch mit sieben Siegeln. Die Abläufe beim Besuch eines solchen Gasthauses kommen uns nicht nur seltsam vor, sie zu verstehen, kostet auch einiges an Anstrengung.

c) Formuliere deine eigene Einleitung in deinem Heft nach dem Vorbild des besten Anfangs.

2 *a) Lies die folgenden Sätze durch und unterstreiche die Textstellen, die nicht gelungen sind.*
b) Begründe in Stichworten, weshalb die Stellen überarbeitet werden müssen, und schreibe eine verbesserte Version darunter.

TIPP
Beim Verfassen einer Anleitung kommt es darauf an, **knapp, sachlich und präzise** zu formulieren. Daher ist die Verwendung von **Fachbegriffen,** die du vorher erklärt hast, sinnvoll.
Das Tempus ist das **Präsens.**

VORSICHT FEHLER!

A In Japan trägt man in den traditionellen Restaurants meist auf wunderhübsche Art und Weise ausgeschmückte, enge Reinschlüpfschuhe aus Stoff.

Begründung: unsachlich, ...

Verbesserung: ___

B Die sauteuren Teppiche im Sitzbereich eines Restaurants gehen leicht kaputt. Darum darf man diese nur betreten, wenn man vorher die Slipper, die man gerade erst angezogen hat, wieder auszieht und auf Socken rumläuft.

Begründung: ___

Verbesserung: ___

C Die Speisen wurden am Boden eingenommen.

Begründung: ___

Verbesserung: ___

3 *Für den* ***Schluss*** *deiner Anleitung kannst du den folgenden Satz in deinem Heft fortsetzen oder dir einen eigenen Schlusssatz ausdenken:* Wenn Sie durch Ihr neues Wissen noch mehr Lust auf die japanische Kultur bekommen haben, können Sie nun ...

TIPP

Am **Schluss** einer Anleitung kann das **Ergebnis** des **Vorgangs** genannt werden: Welches Ziel wurde erreicht oder welche Veränderung wurde erwirkt?

4 *Schreibe nun die Anleitung für den Besuch eines traditionellen japanischen Restaurants für den Prospekt eines Reiseunternehmens.*

E Checkliste

1 *Überprüfe, ob deine Anleitung so formuliert ist, dass eine Leserin oder ein Leser sie ohne weitere Erklärungen oder Illustrationen nachvollziehen kann, oder ob du sie an einigen Stellen noch überarbeiten solltest.*

☑ Checkliste

ja	nein	Kriterien
☐	☐	1. Am Anfang der Anleitung werden das Thema und der Zweck genannt.
☐	☐	2. Alle wichtigen Informationen sind enthalten.
☐	☐	3. Die Reihenfolge der Darstellung ist sinnvoll und richtig.
☐	☐	4. Wo es sinnvoll ist, werden Fachbegriffe verwendet.
☐	☐	5. Die Sprache ist knapp, sachlich und präzise.
☐	☐	6. Die Anleitung ist im Präsens verfasst.

2 Die *DreamHack* – Eine Reportage verfassen

Aufgabenstellung

Lies das folgende Interview aufmerksam durch. Stelle dir vor, du bist als Reporter vor Ort. Schreibe für ein Jugendmagazin eine möglichst anschauliche Reportage über die LAN-Party *DreamHack* und ihre Teilnehmer. Beziehe auch Informationen, die du dem Foto entnehmen kannst, in die Reportage mit ein.

„Um Erholung geht es nicht"

Reporter: David, du warst gerade auf der *DreamHack,* einer so genannten LAN-Party. Was ist eigentlich eine LAN-Party?

David: LAN steht für „Local Area Network", was so viel heißt wie „lokal begrenztes Netzwerk". Bei einer LAN-Party werden Computer in einem kleinen Netzwerk miteinander verbunden. Dies kann in einem Wohnzimmer mit nur vier Computern geschehen, aber auch mit tausenden Computern in einer riesigen Halle. In diesem Netzwerk spielt man dann gegeneinander.

Reporter: Das heißt, man spielt nicht online?

David: Genau. Alle Spieler treffen sich an einem Ort und bringen auch ihre eigenen PCs mit. Dann werden sie vor Ort miteinander verkabelt.

Reporter: Warum macht man sich diesen Aufwand, wenn man auch online gegeneinander spielen könnte, ohne den eigenen Computer ausstöpseln und durch die Gegend tragen zu müssen?

David: Der Reiz dieser Veranstaltungen liegt ganz klar im Flair[1]. Man trifft sich wie bei Freundestreffen, man fährt schon zusammen mit Bus und Bahn zum Veranstaltungsort, man kennt sich, quatscht über neue Gaming-Mäuse und ihre Sensitivität[2], hilft sich gegenseitig und isst auch miteinander Pizza in den Spielpausen.

Reporter: Ihr esst also nur Pizzas?

David *(lacht):* Ja, meistens, und Chips und Cola, hauptsächlich Junkfood. In den Hallen sieht es nach solchen Veranstaltungen aus wie auf einem Schlachtfeld. Aber das Entsorgen des eigenen Mülls gehört für die Teilnehmer dazu. Wir sind sehr reinliche Wesen. *(lacht)* Ein weiterer Vorteil einer LAN-Party gegenüber Onlinespielen liegt in den sehr stabilen Verbindungen, die man in lokalen Netzwerken erreicht. Es kommt fast zu keinen „lags".

Reporter: „Lags"?

David: Verzögerungen in der Verbindung.

Reporter: Als ich bei einer kleineren LAN-Party die Halle betrat, sah ich zuerst sehr viele Menschen mit Headsets, wohl, damit sich die Spieler nicht stören.

David: Richtig, obwohl der Geräuschpegel trotzdem enorm hoch sein kann, da man sich ja im Team miteinander absprechen muss. Man hört aus allen Ecken hektische Anweisungen, Taktikvorgaben oder Warnungen vor einem gegnerischen Spieler.

Reporter: Mir fiel noch was auf. Auf dem Bildschirm konnte man vor allem Ballerspiele sehen.

David: Ja, Ballerspiele eignen sich durch ihre Teamstruktur gut für solche Wettbewerbe, aber man muss darauf hinweisen, dass es auch viele andere Spiele gibt, die für das Spielen im Netzwerk sehr beliebt sind, z. B. Strategiespiele wie „Warcraft 3" oder Sportspiele wie die „Fifa"-Serie.

Reporter: Am Ende wird ein Sieger oder ein Siegerteam gekürt. Kann man da auch Geldpreise gewinnen?

David: Aber sicher. Bei der *DreamHack* Winter 2007 gewann das amerikanische Team „Pandemic" das Finale und somit 45 000 US-Dollar. Die wichtigen Spiele werden auf eine Großbildleinwand übertragen und von Experten moderiert. Für gelungene Aktionen gibt es dann auch Applaus aus dem Publikum.

Reporter: Welchen Stellenwert hat die *DreamHack* unter Kennern?

David: Die *DreamHack* ist die größte LAN-Party der Welt. Sie findet halbjährlich in Jönköping in Schweden statt. 2006 wurden 9 184 Teilnehmer und 8 531 Rechner gezählt. Das war Weltrekord.

1 **Flair:** *(frz.)* Atmosphäre, Stimmung
2 **Sensitivität:** Empfindsamkeit, gemeint ist hier die Reaktionsschnelle der Computer-Maus

Reporter: LAN-Partys dauern ja meist mehrere Tage. Spielt ihr dabei die ganze Zeit?
David: Manche schlafen zwischendurch einfach mit dem Kopf auf dem Tisch neben dem eigenen Computer. Das ist nicht gerade erholsam, aber um Erholung geht es ja nicht. Es geht um Fun, und dafür bringt man gerne Opfer.
Reporter: David, ich danke dir für das Interview.

A Die Aufgabe verstehen

1 *Was wird beim Verfassen einer Reportage von dir verlangt? Kreuze die zutreffenden Antworten an.*

a) ☐ Ich soll genau beschreiben, warum David am Computer spielt.

b) ☐ Um die Reportage anschaulich zu gestalten, soll ich auch Einzelheiten ergänzen, die nicht in dem Interview stehen.

c) ☐ Die Sprache meiner Reportage muss knapp und sachlich sein.

d) ☐ Neben der Darstellung der *DreamHack* gehe ich auch auf weitere Hintergrundinformationen ein, zum Beispiel andere LAN-Partys.

e) ☐ Ich mache in der Reportage deutlich, welche eigene Einstellung zum Thema ich vertrete.

f) ☐ Ich kann die Reportage im Präsens verfassen, um die Leserschaft mitten in das Geschehen einzubinden.

B Material sammeln und ordnen

1 *a) Welche Informationen aus dem Interview kannst du nutzen, um über das Ereignis zu berichten, welche Hintergrundinformationen erhältst du? Gibt es Textstellen, die du zu einer anschaulichen Schilderung ausbauen könntest? Ordne Stichworte aus dem Interview in die folgende Sammlung ein.*
b) Überlege dir beim Sammeln des Stoffes, welche Meinung du zum Thema der Reportage vertrittst: Kannst du z. B. den Enthusiasmus der Spieler nachvollziehen? Notiere deine Kommentare zu bestimmten Textstellen.

TIPP

In einer **Reportage** stellen Reporter dar, wie sie ein Ereignis erlebt haben.
- ☐ Im Vordergrund steht dabei die Darstellung eines **Erlebnisses aus persönlicher Sicht,** die auch
- ☐ eine Wertung in Form eines **Kommentars** einschließt.
- ☐ **Hintergrundinformationen,** aus denen heraus sich ein Ereignis erklärt, ergänzen die Berichterstattung.

Informationen zum Ereignis (W-Fragen):

____

Schilderung des Ereignisses:

____

Hintergrundinformationen zur *DreamHack* und zu anderen LAN-Partys:

dauert häufig mehrere Tage, größte ...

Meine Einschätzung, Wertung, Kommentare:

mehrere Tage in einer Halle, das ist wie ...

2 *Stelle dir vor, du stündest mitten in der Halle der „DreamHack". Welche Eindrücke hast du von der Atmosphäre? Fülle die Mind-Map mit diesen Eindrücken.*

TIPP

Reportagen sollten immer besonders **lebendig und anschaulich** sein. Frage dich daher, ob der Leser sich ein Bild von dem Ereignis machen kann, auch wenn er nicht dort war.

Ich sehe ...

____

____

____

Ich rieche ...

____

____

Ich höre ...

____

____

____

____

C Einen Schreibplan erstellen

1 *Ordne die möglichen Inhalte einer Reportage den Satzanfängen zu, um dir den Aufbau deines Textes zu verdeutlichen.*

1 Die **Einleitung** beginne ich ...
2 Im **Hauptteil** beschreibe ich, ...
3 Im Hauptteil kann ich auch zusätzliche Informationen darüber bringen, ...
4 Hier kann ich auch ...
5 Außerdem könnte ich hier ...
6 Im **Schlussteil** formuliere ich ...

a) auf einen bestimmten Teilnehmer, z. B. David, und sein Erleben dieser Veranstaltung eingehen.
b) ein kurzes Fazit und berichte vom Ausgang des Turniers.
c) was die *DreamHack* ist und wer sich hier trifft.
d) mit einer anschaulichen Beschreibung des Ortes oder einer Person, die an der *DreamHack* teilnimmt.
e) welche anderen Formen von LAN-Partys es noch gibt.
f) das Ereignis kommentieren.

2 *Fülle den Schreibplan in deinem Heft mit deinen Ideen aus B1 und B2.*

D Schreibübungen

1 *a) Vervollständige den folgenden Lückentext mit Hilfe des Wortspeichers und verwende dabei die grammatikalisch korrekte Form der Adjektive und Partizipien.*
b) Im Wortspeicher befinden sich mehr Ausdrücke, als du für den Lückentext benötigst. Schreibe den Text weiter und verwende dabei die vorher nicht benutzten Wörter.

TIPP

Eine Reportage **beginnt** häufig mit einer **atmosphärischen Schilderung.** Um die Beschreibung **anschaulich** zu gestalten, solltest du passende Adjektive verwenden.

Ein Jugendlicher sitzt mit ______________________ Rücken dicht vor dem ______________________ Monitor. Seine Gesichtszüge sind angespannt, der Mund ist leicht geöffnet. Mit ______________________ Blick verfolgt er die ______________________ Fußballfigur, die gerade von rechts nach links über den

Wortspeicher

grün, krumm, ratternd, flimmernd, rasant, enttäuscht, rasend, schwitzend, gespannt, starr, klein

________________ Bildschirmrasen spurtet. Seine Finger hasten flink über die ________________ Tastatur. Hinter ihm steht sein Freund, der ________________ Kommentare von sich gibt. „Pass in die Tiefe ... Oh, nein ... Schnell, Grätsche, Grätsche!" Aber die Grätsche kommt nicht schnell genug, was dem Beobachter ein ________________ Stöhnen entlockt.

____

____

____

____

2 *Formuliere den folgenden Auszug aus einem Bericht über die „DreamHack" so um, dass er für eine Reportage geeignet ist. Schreibe in dein Heft.*

> Die diesjährige *DreamHack* gewann das US-amerikanische Team „Pandemic". Zahlreiche Kamerateams aus aller Welt waren zugegen, als der Team-Kapitän auf der Siegerehrung die Prämie in Höhe von 45 000 US-Dollar entgegennahm. Anschließend sprachen die Teilnehmer des Finales in der Pressekonferenz über ihre Strategie.

TIPP

- ☐ Im Gegensatz zur Reportage ist der **Bericht** in **sachlicher Sprache** verfasst. Beim Bericht werden die **wichtigsten Informationen zuerst** genannt, während ergänzende Informationen erst nach der Beantwortung der W-Fragen angeführt werden.
- ☐ Die Sprache einer **Reportage** ist meist **bildreich und anschaulich.** Die gelieferten Informationen gehen in der Regel über die Behandlung eines aktuellen Anlasses hinaus. Häufig gibt der Verfasser seine **Einstellung** zum Thema durch **wertende Ausdrücke** zu erkennen.

3 *Formuliere nun deine vollständige Reportage über die „DreamHack" in deinem Heft.*

TIPP

Schreibe vorwiegend im **Präsens.** Informationen zum Verständnis (Hintergrundinformationen) können im Präteritum stehen.

E Überarbeitung

1 *Um sicherzugehen, dass deine Reportage gelungen ist, solltest du abschließend die folgende Checkliste durchgehen und deinen Text gegebenenfalls überarbeiten.*

☑ **Checkliste**

ja	nein	Meine Reportage ...
☐	☐	1. ist so geschrieben, dass der Leser sich ein Bild von dem Ereignis oder von den Personen
☐	☐	machen kann.
☐	☐	2. informiert anschaulich und lebendig über den gewählten Anlass.
☐	☐	3. fängt die Atmosphäre gut ein.
☐	☐	4. bietet leicht verständliche Hintergrundinformationen.
☐	☐	5. beschreibt, was der Reporter persönlich erlebt und welche Einstellung er dazu hat.
☐	☐	6. schafft es, dass der Leser mitfühlen oder sich in die Situation hineinversetzen kann.

3 *Johann Wolfgang Goethe:* Der Sänger – Eine Inhaltsangabe zu einer Ballade verfassen

Aufgabenstellung

Verfasse eine Inhaltsangabe zu der Ballade „Der Sänger", von Johann Wolfgang Goethe. Schließe deine Arbeit mit einer kurzen Stellungnahme ab.

Johann Wolfgang Goethe

Der Sänger (1795)

„Was hör' ich draußen vor dem Tor,
Was auf der Brücke schallen?
Lass den Gesang vor unserm Ohr
Im Saale widerhallen!"
Der König sprach's, der Page[1] lief;
Der Page kam, der König rief:
„Lasst mir herein den Alten!"

„Gegrüßet seid mir, edle Herrn,
Gegrüßt ihr, schöne Damen!
Welch reicher Himmel! Stern bei Stern!
Wer kennet ihre Namen?
Im Saal voll Pracht und Herrlichkeit
Schließt, Augen, euch; hier ist nicht Zeit,
Sich staunend zu ergetzen[2]."

Der Sänger drückt' die Augen ein
Und schlug in vollen Tönen;
Die Ritter schauten mutig drein
Und in den Schoß die Schönen.
Der König, dem es wohl gefiel,
Ließ, ihn zu ehren für sein Spiel,
Eine goldne Kette holen.

„Die goldne Kette gib mir nicht!
Die Kette gib den Rittern,
Vor deren kühnem Angesicht
Der Feinde Lanzen splittern;
Gib sie dem Kanzler[3], den du hast,
Und lass ihn noch die goldne Last
Zu andern Lasten tragen.

Franz Riepenhausen: Der Sänger (1820), Öl auf Leinwand

Ich singe, wie der Vogel singt,
Der in den Zweigen wohnet;
Das Lied, das aus der Kehle dringt,
Ist Lohn, der reichlich lohnet.
Doch darf ich bitten, bitt' ich eins:
Lass mir den besten Becher Weins
In purem Golde reichen."

Er setzt' ihn an, er trank ihn aus:
„O, Trank voll süßer Labe[4]!
O, wohl dem hochbeglückten Haus,
Wo das ist kleine Gabe!
Ergeht's euch wohl, so denkt an mich,
Und danket Gott so warm, als ich
Für diesen Trunk euch danke."

1 **Page:** Diener
2 **ergetzen:** *hier:* sich erfreuen
3 **Kanzler:** *hier:* hoher Beamter
4 **Labe:** Erfrischung

A Die Aufgabe verstehen

1 *Mache dir klar, was in einer Inhaltsangabe von dir verlangt wird. Unten findest du Schülernotizen zu den Aufsatzarten Nacherzählung und Inhaltsangabe, die durcheinandergeraten sind. Sortiere sie, indem du alles, was zur Inhaltsangabe gehört, einrahmst.*

Meine Einleitung gestalte ich ähnlich wie in der Ballade. Wichtig ist, dass Spannung erzeugt wird.

Die Zeitform ist grundsätzlich das Präsens.

Ich muss im Hauptteil den Inhalt des Textes knapp und präzise zusammenfassen, darf dabei jedoch keine wichtigen Handlungsschritte vergessen.

Im Schlussteil bringe ich das Geschehen zu einem Abschluss. Dabei halte ich mich an die Vorlage.

Die Zeitform der Vorlage wird beibehalten.

Im Einleitungssatz muss ich die Textart benennen, außerdem den Autor, den Titel, das Erscheinungsjahr und vor allem das Thema erwähnen.

Wenn ich möchte, kann ich einen Schlusssatz schreiben, in dem ich meine Meinung sage oder auf besondere Eigenheiten des Textes eingehe.

Ich muss im Hauptteil das Geschehen anschaulich, spannend und ausführlich schildern.

2 *Paul hat folgende Fragen. Kannst du sie beantworten? Schreibe deine Antwort in die Sprechblase rechts.*

Mein Text ist ganz kurz geworden, aber für kurze Texte bekomme ich doch nie eine gute Note, oder?

Eine Inhaltsangabe kann auch kurz sein, denn ... ____________________

____

____

Meine Inhaltsangabe finde ich überhaupt nicht gut. Da kann man sich ja schon beim Lesen des Einleitungssatzes denken, wie die Ballade ausgeht. Was meinst du?

____

____

____

____

B Erstes Textverständnis

1 *Lies die Ballade laut und lass sie auf dich wirken. Überlege dann, auf welchen Ort und auf welche Zeit Wörter wie „Saale", „Page", „Ritter" und „Lanzen" schließen lassen. Wenn du keine Idee hast, schaue in einem Bedeutungswörterbuch nach.*

2 *In der Ballade sprechen und handeln im Wesentlichen zwei Figuren.*
a) Markiere im Text mit unterschiedlichen Farbstiften, wo vom König die Rede ist und wo vom Sänger.
b) Unterstreiche alles, was du für das Verständnis der Handlung für wichtig hältst.

3 *Fasse den Inhalt der einzelnen Strophen knapp zusammen und notiere jeweils die beteiligten Figuren. Setze dazu die Tabelle in deinem Heft fort.*

Strophe	Welche Figuren sind beteiligt?	knappe Zusammenfassung
Strophe 1	ein König und sein Page	Ein König schickt seinen Pagen, einen Sänger, dessen Lied er
		gehört hat, in den Saal hereinzubringen.
Strophe 2		

4 *Notiere in einer Mind-Map die unterschiedlichen Bedeutungen des Begriffs „Kette".*

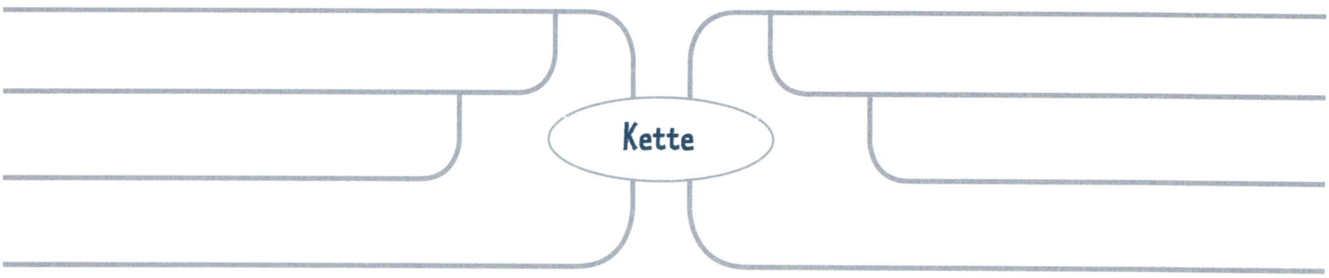

a) Was meint der König, wenn er eine Kette schenkt?

____

b) Welche Bedeutung hat das Wort für den Sänger?

____

5 *Welche Stelle in der Ballade hat dich besonders überrascht? Schreibe in eigenen Worten, was du erstaunlich findest.*

____

____

____

TIPP

Wenn sich das Handlungsgeschehen in einer ganz unerwarteten Weise entwickelt, nennt man das auch **Wendepunkt.** Wendepunkte sind für das Verständnis der Ballade wichtig.

C Einen Schreibplan erstellen

1 *Hier siehst du Annas Vorschlag für eine Einleitung der Inhaltsangabe.*
a) Schreibe auf, was du gelungen findest und was man deiner Meinung nach noch an Annas Text verbessern kann.

> In Johann Wolfgang Goethes Ballade „Der Sänger" aus dem Jahr 1795 geht es um einen Sänger im Mittelalter. Im Mittelalter hatten die fahrenden Sänger ein hartes Leben. Der Sänger in der Ballade empfindet sein Leben jedoch nicht als hart. Er muss nicht für Lohn singen, sondern lehnt diesen sogar ab. Er empfindet seine Freiheit als größten Lohn.

An Annas Text ist gelungen: ______________________________

____

____

Dies könnte noch verbessert werden: ______________________________

____

____

b) Notiere in vier Stichworten, welche Informationen in die Einleitung einer Inhaltsangabe gehören. Wenn du nicht mehr ganz sicher bist, kannst du auf der ▷ Umschlagseite U2 nachsehen.

1. Autor/in und Titel ______________________________
2. ______________________________
3. ______________________________
4. ______________________________

2 *Im **Hauptteil** wird das Wesentliche der Handlung zusammengefasst.*
a) Gliedere deine Zusammenfassung von Seite 14, Aufgabe 3 mit farbigen Stiften in Sinnabschnitte, die je einen wichtigen Handlungsschritt umfassen.
b) Streiche die Informationen, die für die Handlung nicht wesentlich sind, durch.

TIPP

Um die **Handlung** zu **gliedern,** kannst du im Text auf Angaben
- ☐ des Ortes *(draußen, im Saal, ...),*
- ☐ zu den Figuren *(der König, der Page, der Sänger, ...)* und
- ☐ zum Wendepunkt *(die goldne Kette gib mir nicht)* achten.

3 *In der Aufgabenstellung auf Seite 12 wird verlangt, dass du im **Schluss** der Inhaltsangabe eine kurze Stellungnahme formulierst. Vergleiche die folgenden beiden Schlusssätze und begründe in einem Satz in deinem Heft, warum der eine gelungen ist und der andere nicht.*

TIPP

Bei der **abschließenden Stellungnahme** kannst du entweder auf den Inhalt des Textes eingehen oder auch etwas zur äußeren Form (zum Beispiel zur Sprache) schreiben.
Wichtig ist, dass du deine **Meinung nachvollziehbar begründest,** also nicht einfach deine Gedanken äußerst, sondern dich dabei auf den Text beziehst.

A Die Ballade hat mir nicht gefallen, weil bis zum Schluss unverständlich bleibt, warum der Sänger den Lohn ausschlägt.

B Die Ballade ist spannend, weil sie nach dem ersten Teil eine überraschende Wendung nimmt, die sich in der Formulierung „goldne Kette" zuspitzt.

Ich halte den Schlusssatz ______ für gelungen, weil ______________________________

____

____

____

D Schreibübungen

1 *In dieser Aufgabe kannst du üben, Sätze logisch miteinander zu verbinden. Setze die Konjunktionen und Adverbien aus dem Wortspeicher in die Lücken ein.*

a) Der Page eilt, des Königs Befehl auszuführen, sodass ______ der Sänger wenig später schon in der prunkvollen Halle erscheint.

b) Der fremde Sänger zeigt sich dankbar, ______________ er die höfische Gesellschaft lobt und preist.

c) ______________ dem König der Vortrag so gut gefällt, will er dem Sänger eine goldene Kette schenken.

d) ______________ dieser die Ehre zu schätzen weiß, weist er die Kette von sich.

e) Er will den König aber nicht kränken, ______________ erklärt er ihm seinen Verzicht.

f) Kette bedeutet für den Sänger Fessel, ______________ er als Künstler frei sein will, darf er sich nicht binden.

g) ______________ der König ihm danken wolle, möge er ihm eine Erfrischung aus einem goldenen Becher bringen, antwortet er dem König.

TIPP

In einer Inhaltsangabe kommt es darauf an, dem Leser den Zusammenhang der Handlungsschritte schnell deutlich zu machen. Dazu kannst du **Konjunktionen** und **Adverbien** verwenden.

Wortspeicher

deshalb
sofern
sodass
wenn
obwohl
da
indem

2 *Eine Inhaltsangabe soll knapp verfasst sein. Verkürze die folgenden Satzgefüge, indem du den unterstrichenen Nebensatz mit Hilfe einer Präposition in eine adverbiale Bestimmung umwandelst.*

a) <u>Als der Sänger den prunkvollen Saal betritt</u>, beginnt er sogleich dem König und der Hofgesellschaft zu huldigen.

In dem prunkvollen Saal ... ______________________________

____

____

b) <u>Nachdem der König den Vortrag des Sängers gehört hat</u>, wird ein Page beauftragt, ihm eine goldene Kette zu reichen.

____

____

c) <u>Obwohl sich der Sänger vom König sehr geehrt fühlt</u>, weist er die Kette von sich.

____

____

d) <u>Weil die höfische Sitte und die Höflichkeit eine Erklärung verlangen</u>, erklärt der Sänger seine Beweggründe.

____

____

TIPP

Beim **Paraphrasieren** musst du manchmal einen Teil der unwichtigeren Informationen im Nebensatz weglassen, weil sich dein Satz sonst sehr gestelzt anhört.

3 *Wandle die direkte Rede in den folgenden Sätzen in indirekte Rede um.*

a) Der König fragt: „Was ist da draußen zu hören?“

Der König fragt, was da draußen zu hören sei.

b) Der Page lobt den Sänger: „Wir finden deinen Gesang wunderbar.“

____

____

TIPP

In einer Inhaltsangabe soll in der Regel keine direkte Rede verwendet werden.
Eine Möglichkeit, die Rede von Figuren wiederzugeben, ist die **indirekte Rede.** Bei der Wiedergabe einer fremden Rede ändern sich oft die **Personalpronomen,** zum Beispiel wird aus *ich er* oder *sie*.
Meist verwendet man den **Konjunktiv:**
Jan klagt: „Ich kann den Text nicht schreiben!“
→ *Jan klagt, **er könne** den Text nicht schreiben.*

c) Der Sänger dankt: „Ich befinde mich in einem so prachtvollen Saal!“

____

d) Der König befiehlt: „Reiche ihm zum Dank eine goldene Kette!“

____

e) Der Sänger entgegnet: „Du hast Menschen um dich, die dein Geschenk mehr zu schätzen wissen.“

____

4 *Schreibe nun die gesamte Inhaltsangabe der Ballade in dein Heft. Nutze dazu deine Notizen aus deiner Tabelle (B3). Vergiss nicht, am Schluss auch eine passende Stellungnahme zu schreiben.*

E Überarbeitung

1 *Mit der folgenden Checkliste kannst du prüfen, ob du in deinem Text die wichtigsten Kriterien einer gelungenen Inhaltsangabe erfüllt hast oder ob du einige Stellen überarbeiten solltest.*

☑ Checkliste

ja	nein	
		Der Aufbau meiner Inhaltsangabe ist gelungen.
☐	☐	1. Die Einleitung enthält Informationen zum Autor und zum Titel der Geschichte. Textart, Thema und evtl. auch das Entstehungsjahr werden genannt.
☐	☐	2. Im Hauptteil habe ich die Handlungsschritte präzise und knapp zusammengefasst.
☐	☐	3. Ich habe einen Schlusssatz mit einer kurzen Stellungnahme geschrieben.
		Im Hauptteil erfährt der Leser schnell alles Wesentliche der Handlung.
☐	☐	1. Ich habe alle wichtigen Handlungsschritte aus meinen Notizen aufgenommen.
☐	☐	2. Ich habe die Handlung in ihrer chronologischen Reihenfolge zusammengefasst, Ereignisse, die zum Verständnis nicht unbedingt nötig sind, habe ich gestrichen.
☐	☐	3. Meine Sätze sind durch Konjunktionen und Adverbien logisch und übersichtlich verknüpft.
☐	☐	4. Ich habe überflüssige Adjektive und Attribute gestrichen.
		Stilistisch und sprachlich ist meine Inhaltsangabe korrekt.
☐	☐	1. Sie ist durchgehend im Präsens verfasst.
☐	☐	2. Wörtliche Rede habe ich vermieden, stattdessen Paraphrasen und indirekte Rede (im Konjunktiv!) verwendet.
☐	☐	3. Ich habe am Ende geprüft, ob sich manche Wörter nicht zu oft wiederholen (zum Beispiel *und dann* ...) und ob sich meine Inhaltsangabe nicht zu eintönig anhört.
☐	☐	4. Ich habe meinen Text abschließend auf Rechtschreib- und Zeichensetzfehler hin überprüft.

4 *Siegfried Lenz:* Die Nacht im Hotel – Eine Inhaltsangabe zu einer Kurzgeschichte verfassen

Aufgabenstellung

Verfasse eine Inhaltsangabe zu der Kurzgeschichte „Die Nacht im Hotel" von Siegfried Lenz.

Siegfried Lenz

Die Nacht im Hotel (1951)

Der Nachtportier strich mit seinen abgebissenen Fingerkuppen über eine Kladde, hob bedauernd die Schultern und drehte seinen Körper zur linken Seite, wobei sich der Stoff seiner Uniform gefährlich unter dem Arm spannte. „Das ist die einzige Möglichkeit", sagte er. „Zu so später Stunde werden Sie nirgendwo ein Einzelzimmer bekommen. Es steht Ihnen natürlich frei, in anderen Hotels nachzufragen. Aber ich kann Ihnen schon jetzt sagen, daß wir, wenn Sie ergebnislos zurückkommen, nicht mehr in der Lage sein werden, Ihnen zu dienen. Denn das freie Bett in dem Doppelzimmer, das Sie – ich weiß nicht, aus welchen Gründen – nicht nehmen wollen, wird dann auch einen Müden gefunden haben." „Gut", sagte Schwamm, „ich werde das Bett nehmen. Nur, wie Sie vielleicht verstehen werden, möchte ich wissen, mit wem ich das Zimmer zu teilen habe; nicht aus Vorsicht, gewiß nicht, denn ich habe nichts zu fürchten. Ist mein Partner – Leute, mit denen man eine Nacht verbringt, könnte man doch fast Partner nennen – schon da?" „Ja, er ist da und schläft."

„Er schläft", wiederholte Schwamm, ließ sich die Anmeldeformulare geben, füllte sie aus und reichte sie dem Nachtportier zurück; dann ging er hinauf. Unwillkürlich verlangsamte Schwamm, als er die Zimmertür mit der ihm genannten Zahl erblickte, seine Schritte, hielt den Atem an, in der Hoffnung, Geräusche, die der Fremde verursachen könnte, zu hören, und beugte sich dann zum Schlüsselloch hinab. Das Zimmer war dunkel. In diesem Augenblick hörte er jemanden die Treppe heraufkommen, und jetzt mußte er handeln. Er konnte fortgehen, selbstverständlich, und so tun, als ob er sich im Korridor geirrt habe. Eine andere Möglichkeit bestand darin, in das Zimmer zu treten, in welches er rechtmäßig eingewiesen worden war und in dessen einem Bett bereits ein Mann schlief. Schwamm drückte die Klinke herab. Er schloß die Tür wieder und tastete mit flacher Hand nach dem Lichtschalter. Da hielt er plötzlich inne: neben ihm – und er schloß sofort, daß da die Betten stehen müßten – sagte jemand mit einer dunklen, aber auch energischen Stimme: „Halt! Bitte machen Sie kein Licht. Sie würden mir einen Gefallen tun, wenn Sie das Zimmer dunkel ließen."

„Haben Sie auf mich gewartet?" fragte Schwamm erschrocken; doch er erhielt keine Antwort. Statt dessen sagte der Fremde: „Stolpern Sie nicht über meine Krücken, und seien Sie vorsichtig, daß Sie nicht über meinen Koffer fallen, der ungefähr in der Mitte des Zimmers steht. Ich werde Sie sicher zu Ihrem Bett dirigieren. Gehen Sie drei Schritte an der Wand entlang, und dann wenden Sie sich nach links, und wenn Sie wiederum drei Schritte getan haben, werden Sie den Bettpfosten berühren können." Schwamm gehorchte: Er erreichte sein Bett, entkleidete sich und schlüpfte unter die Decke. Er hörte die Atemzüge des anderen und spürte, daß er vorerst nicht würde einschlafen können. „Übrigens", sagte er zögernd nach einer Weile, „mein Name ist Schwamm."

„So", sagte der andere. „Ja." „Sind Sie zu einem Kongreß hierhergekommen?" „Nein. Und Sie?" „Nein." „Geschäftlich?" „Nein, das kann man nicht sagen."

„Wahrscheinlich habe ich den merkwürdigsten Grund, den je ein Mensch hatte, um in die Stadt zu fahren“, sagte Schwamm. Auf dem nahen Bahnhof rangierte ein Zug. Die Erde zitterte, und die Betten, in denen die Männer lagen, vibrierten.
„Wollen Sie in der Stadt Selbstmord begehen?“ fragte der andere.
„Nein“, sagte Schwamm, „sehe ich so aus?“
„Ich weiß nicht, wie Sie aussehen“, sagte der andere, „es ist dunkel.“ Schwamm erklärte mit banger Fröhlichkeit in der Stimme: „Gott bewahre, nein. Ich habe einen Sohn, Herr ... (der andere nannte nicht seinen Namen), einen kleinen Lausejungen, und seinetwegen bin ich hierhergefahren.“
„Ist er im Krankenhaus?“ „Wieso denn? Er ist gesund, ein wenig bleich zwar, das mag sein, aber sonst sehr gesund. Ich wollte Ihnen sagen, warum ich hier bin, hier bei Ihnen, in diesem Zimmer. Wie ich schon sagte, hängt das mit meinem Jungen zusammen. Er ist äußerst sensibel, mimosenhaft, er reagiert bereits, wenn ein Schatten auf ihn fällt.“
„Also ist er doch im Krankenhaus.“
„Nein“, rief Schwamm, „ich sagte schon, daß er gesund ist, in jeder Hinsicht. Aber er ist gefährdet, dieser kleine Bengel hat eine Glasseele, und darum ist er bedroht.“
„Warum begeht er nicht Selbstmord?“ fragte der andere. „Aber hören Sie, ein Kind wie er, ungereift, in solch einem Alter! Warum sagen Sie das? Nein, mein Junge ist aus folgendem Grunde gefährdet: Jeden Morgen, wenn er zur Schule geht – er geht übrigens immer allein dorthin –, jeden Morgen muß er vor einer Schranke stehenbleiben und warten, bis der Frühzug vorbei ist. Er steht dann da, der kleine Kerl, und winkt, winkt heftig und freundlich und verzweifelt.“ „Ja und?“
„Dann“, sagte Schwamm, „dann geht er in die Schule, und wenn er nach Hause kommt, ist er verstört und benommen, und manchmal heult er auch. Er ist nicht imstande, seine Schularbeiten zu machen, er mag nicht spielen und nicht sprechen: Das geht schon seit Monaten so, jeden lieben Tag. Der Junge geht mir kaputt dabei!“
„Was veranlaßt ihn denn zu solchem Verhalten?“
„Sehen Sie“, sagte Schwamm, „das ist merkwürdig. Der Junge winkt, und – wie er traurig sieht – es winkt ihm keiner der Reisenden zurück. Und das nimmt er sich so zu Herzen, daß wir – meine Frau und ich – die größten Befürchtungen haben. Er winkt, und keiner winkt zurück; man kann die Reisenden natürlich nicht dazu zwingen, und es wäre absurd und lächerlich, eine diesbezügliche Vorschrift zu erlassen, aber ...“
„Und Sie, Herr Schwamm, wollen nun das Elend Ihres Jungen aufsaugen, indem Sie morgen den Frühzug nehmen, um dem Kleinen zu winken?“
„Ja“, sagte Schwamm, „ja.“
„Mich“, sagte der Fremde, „gehen Kinder nichts an. Ich hasse sie und weiche ihnen aus, denn ihretwegen habe ich – wenn man's genau nimmt – meine Frau verloren. Sie starb bei der ersten Geburt.“ „Das tut mir leid“, sagte Schwamm und stützte sich im Bett auf. Eine angenehme Wärme floß durch seinen Körper; er spürte, daß er jetzt würde einschlafen können. Der andere fragte: „Sie fahren nach Kurzbach, nicht wahr?“ „Ja.“
„Und Ihnen kommen keine Bedenken bei Ihrem Vorhaben? Offener gesagt: Sie schämen sich nicht, Ihren Jungen zu betrügen? Denn, was Sie vorhaben, Sie müssen es zugeben, ist doch ein glatter Betrug, eine Hintergehung.“ Schwamm sagte aufgebracht: „Was erlauben Sie sich, ich bitte Sie, wie kommen Sie dazu!“ Er ließ sich fallen, zog die Decke über den Kopf, lag eine Weile überlegend da und schlief dann ein.
Als er am nächsten Morgen erwachte, stellte er fest, daß er allein im Zimmer war. Er blickte auf die Uhr und erschrak: Bis zum Morgenzug blieben ihm noch fünf Minuten, es war ausgeschlossen, daß er ihn noch erreichte. Am Nachmittag – er konnte es sich nicht leisten, noch eine Nacht in der Stadt zu bleiben – kam er niedergeschlagen und enttäuscht zu Hause an.
Sein Junge öffnete ihm die Tür, glücklich, außer sich vor Freude. Er warf sich ihm entgegen und hämmerte mit den Fäusten gegen seinen Schenkel und rief: „Einer hat gewinkt, einer hat ganz lange gewinkt.“ „Mit einer Krücke?“ fragte Schwamm. „Ja, mit einem Stock. Und zuletzt hat er sein Taschentuch an den Stock gebunden und es so lange aus dem Fenster gehalten, bis ich es nicht mehr sehen konnte.“ R

A Die Aufgabe verstehen

1 *Bevor du anfängst, solltest du dir zunächst bewusst machen, welche Anforderungen das Schreiben einer Inhaltsangabe an dich stellt. Unten siehst du einige Aussagen darüber, was bei einer Inhaltsangabe wichtig sein könnte. Streiche alle Sätze, die nicht richtig sind, durch und schreibe sie verbessert darunter.*

a) ~~Auf keinen Fall darf ich etwas Wichtiges vergessen. Deshalb muss alles ausführlich nacherzählt werden.~~

Ich soll zwar nichts Wichtiges weglassen, aber ich brauche nicht den ganzen Text ausführlich nachzuerzählen.

b) Wichtig ist, dass ich das Original möglichst korrekt wiedergebe. Deshalb muss ich die wörtliche Rede ganz genau wie vorgegeben übernehmen.

____

____

c) Mit einer Inhaltsangabe will ich den Leser knapp über das Wichtigste eines Textes informieren. Deshalb fasse ich nur das Wesentliche zusammen.

____

____

d) Erzählungen werden oft im Präteritum geschrieben. Deshalb schreibe ich auch meine Inhaltsangabe im Präteritum.

____

e) Wichtig ist, dass der Leser meiner Inhaltsangabe die Handlung der Erzählung gut überblicken kann. Deshalb verwende ich Konjunktionen, um die Zusammenhänge deutlich zu machen.

____

____

f) Die Erzählung ist spannend geschrieben. Deshalb versuche ich, auch in meine Inhaltsangabe so viel Spannung wie möglich zu bringen.

____

____

B Erstes Textverständnis/Material ordnen

1 *a) Lies die Geschichte durch und unterstreiche alles, was für das Verständnis der Handlung wichtig ist.*
b) Markiere mit einem farbigen Stift am Textrand die Sinnabschnitte des Textes.
c) Halte nun die wichtigsten Handlungsschritte in der Randspalte des Textes stichpunktartig fest.

2 *Der Titel der Kurzgeschichte lautet „Die Nacht im Hotel". Notiere in wenigen Sätzen, welche Bedeutung diese Nacht für die Figuren im Text hat.*

TIPP
Oft wird die Hauptaussage einer Erzählung erst ganz am Schluss deutlich. Häufig gibt auch der **Titel** einen Hinweis darauf, wie sie zu verstehen ist.

Die gemeinsam verbrachte Nacht im Hotel führt zu ______________

____

____

C Einen Schreibplan erstellen

1 *a) In der Klasse 7a gibt es verschiedene Meinungen darüber, was das Thema der Geschichte ist, das ja in der* ***Einleitung*** *benannt werden soll. Kreuze den Vorschlag an, der dir am zutreffendsten erscheint.*

TIPP
Beachte bei der Inhaltsangabe die Einteilung in Einleitung, Hauptteil und Schluss (▷ Umschlagklappe U2).

a) ☐ Max: „In der Geschichte wird berichtet, wie kinderfeindlich manche Menschen sind."

b) ☐ Mimi: „Die Geschichte berichtet von einem Vater, der in einem Hotel übernachtet, um am nächsten Morgen seinem Sohn aus dem Fenster des Zuges winken zu können, dies jedoch nicht schafft, weil er verschläft."

c) ☐ Mustafa: „Die Geschichte handelt von einem Zeichen der Zuneigung: Ein Mann, der eigentlich keine Kinder mag, macht einem kleinen, sensiblen Jungen eine große Freude."

d) ☐ Maximilian: „Hier geht es um Erziehung: Es wird kritisiert, dass manche Eltern ihre Kinder zu sehr verwöhnen."

b) Begründe, warum du dich für diesen Vorschlag entschieden hast.Schreibe in dein Heft.

2 *Ergänze den folgenden Lückentext mit den Begriffen aus dem Wortspeicher, um dir den Aufbau des* ***Hauptteils*** *deiner Inhaltsangabe zu verdeutlichen.*

Im Hauptteil werden die wichtigsten ____________________ in ____________________ Reihenfolge ____________________ zusammengefasst. Ereignisse, die für die Haupthandlung ____________________ sind, werden weggelassen. In der Regel wird die ____________________ vermieden.

Wortspeicher
unwesentlich
Ereignisse der Handlung
knapp und präzise
wörtliche Rede
chronologischer

D Schreibübungen

1 *Verbinde jeweils beide Hauptsätze mit Hilfe der Konjunktionen aus dem Wortspeicher zu einem Satzgefüge. Es gibt mehrere Möglichkeiten.*

a) Es ist nur noch ein Schlafplatz in einem Doppelzimmer frei. Herr Schwamm entscheidet sich zögerlich dafür.
Weil nur noch ein Schlafplatz im Doppelzimmer frei ist, entscheidet sich Herr Schwamm zögerlich dafür.

b) Herr Schwamm liebt seinen Sohn. Der Fremde hasst Kinder.

____

c) Herr Schwamm weiß, dass der Grund für seinen Besuch in der Stadt sehr ungewöhnlich ist. Er erzählt dem Fremden davon.

____

____

TIPP
Damit dein Text **flüssig** und **nachvollziehbar** wird, kannst du die Sätze deiner Inhaltsangabe mit **Konjunktionen** verbinden.

Wortspeicher
wenn damit seitdem
als weil als ob
obwohl da falls
nachdem sofern sodass
während wohingegen

d) Der Fremde macht verletzende Bemerkungen. Herr Schwamm ist ein wenig verärgert.

____

e) Herr Schwamm schläft noch. Der Fremde verlässt leise das Zimmer.

____

2 *Gib die folgenden Sätze in indirekter Rede im Präsens wieder.*

Herr Schwamm sagte: „Gestern habe ich mich dazu entschlossen, meinem Sohn selbst zu winken."

Präsens als Tempus der Inhaltsangabe – Anpassung der Pronomen – Anpassung der Zeitangabe – Konjunktiv der indirekten Rede

Herr Schwamm sagt, dass er sich am Tag zuvor entschlossen habe, seinem Sohn selbst zu winken.

a) Herr Schwamm erzählte: „Mein Sohn ist sehr ängstlich."

b) Er berichtete weiter: „Mein Sohn winkt morgens immer den Reisenden in den Zügen."

c) Er fuhr fort zu erzählen: „Mein Sohn kommt weinend nach Hause, weil die Menschen nicht zurückwinken."

TIPP
In einer Inhaltsangabe soll in der Regel keine direkte Rede verwendet werden. Eine Möglichkeit, die Rede von Figuren wiederzugeben, ist die **indirekte Rede.** Informationen findest du auf der ▷ Umschlagklappe U3.

d) Später berichtete Herr Schwamm seiner Frau: „Heute Morgen habe ich verschlafen."

3 *Gib die folgenden Sätze in eigenen Worten so wieder, dass sie keine wörtliche Rede mehr enthalten.*

a) „Übrigens", sagte er zögernd nach einer Weile, „mein Name ist Schwamm."

TIPP
Wörtliche Rede kann auch durch eine Formulierung des Inhalts der Rede in eigenen Worten, wiedergegeben werden, z. B.:
„Gut"**, sagte Schwamm, **„ich werde das Bett nehmen."** → Herr Schwamm **nimmt das Bett an.

b) Herr Schwamm sagte: „Ja."

c) „Wahrscheinlich habe ich den merkwürdigsten Grund, den je ein Mensch hatte, um in die Stadt zu fahren", sagte Schwamm.

d) „Einer hat gewinkt, einer hat ganz lange gewinkt", rief Schwamms Sohn, als er dem Vater die Tür öffnete.

4 *Verfasse nun deine Inhaltsangabe der Kurzgeschichte. Nutze dazu deine Randnotizen am Text und die Informationen aus D1 und D2.*

E Überarbeitung

1 *Mit Hilfe der Kriterien der Checkliste aus Kapitel 3 (Seite 17) kannst du überprüfen, was dir an deiner Inhaltsangabe gelungen ist und was du noch überarbeiten solltest.*

2 *Lies dir den folgenden Text von Anna durch und unterstreiche Textstellen, die du nicht für gelungen hältst.*
Begründe am Rand in Stichworten, warum diese Stellen verbessert werden sollten.

Die Kurzgeschichte „Die Nacht im Hotel" von Siegfried Lenz gefällt mir sehr gut. Es wird berichtet, wie ein Vater eine Nacht in einem Hotel in einer fremden Stadt verbringt, weil er seinem Sohn eine Freude machen wollte. Der Vater entscheidet sich, die Nacht mit einem fremden Mann mit Krücken in einem Zimmer zu verbringen, weil der Portier gesagt hat: „Zu so später Stunde werden Sie nirgendwo ein Einzelzimmer bekommen." Der Mann in dem Zimmer ist wirklich sehr seltsam. Trotzdem kommt der Vater mit ihm ins Gespräch. Er erzählt dem Fremden, dass sein Sohn sehr leide, weil er jeden Morgen auf dem Schulweg den Leuten im vorüberfahrenden Zug winke, aber nie jemand zurückgewinkt hat. Deshalb habe der Vater beschlossen, selbst seinem Sohn aus dem Zug zu winken. Als der Vater am nächsten Morgen zu spät erwacht, ist der Fremde, der von der Idee des Vaters begeistert war, schon fort. Der Vater fährt unverrichteter Dinge nach Hause, weil er sich keine weitere Nacht in dem Hotel leisten kann. Zu Hause überrascht ihn sein Sohn mit der freudigen Nachricht, dass ihm jemand aus dem Zug gewinkt habe.	kein Urteil

5 *Ernest Hemingway:* Ein Tag Warten – Einen inneren Monolog verfassen

Aufgabenstellung

Die Geschichte „Ein Tag Warten“ von Ernest Hemingway handelt von einem Jungen, der einen Tag lang krank ist. Versetze dich in die Situation des Jungen am nächsten Tag und verfasse einen inneren Monolog, in dem seine Gedanken und Gefühle zum Ausdruck gebracht werden.

Ernest Hemingway

Ein Tag Warten

Er kam ins Zimmer, um die Fenster zu schließen, während wir noch im Bett lagen, und ich fand, dass er krank aussah. Er fröstelte; sein Gesicht war weiß, und er ging langsam, als ob jede Bewegung weh täte. „Was ist los, Schatz?“ „Ich hab Kopfschmerzen.“ „Dann geh lieber wieder ins Bett.“ „Nein, ich bin ganz in Ordnung.“ „Du gehst ins Bett. Ich komme zu dir, sobald ich angezogen bin.“

Aber als ich herunterkam, war er angezogen und saß am Feuer und sah wie ein kranker, jämmerlicher, neunjähriger Junge aus. Als ich ihm die Hand auf die Stirn legte, wusste ich, dass er Fieber hatte. „Du gehst rauf ins Bett“, sagte ich. „Du bist krank.“ „Ich bin ganz in Ordnung“, sagte er.

Als der Doktor kam, nahm er die Temperatur des Jungen. „Wie viel hat er?“, fragte ich ihn.

„Hundertundzwei.“

Unten ließ der Doktor drei verschiedene Medikamente in verschiedenfarbigen Kapseln zurück mit Anweisungen, wie sie zu nehmen waren. Das eine sollte das Fieber herunterbringen, das zweite war ein Abführmittel, und das dritte war gegen Übersäure im Magen. Die Grippebazillen können nur bei Übersäure existieren, hatte er erklärt. Er schien alles über Grippe zu wissen und sagte, es wäre nicht weiter Besorgnis erregend, falls die Temperatur nicht auf hundertvier stiege. Es herrsche eine leichte Grippeepidemie, und es bestände keinerlei Gefahr, wenn keine Lungenentzündung hinzukäme.

Als ich wieder ins Zimmer kam, schrieb ich die Temperatur des Jungen auf und notierte, wann man ihm die verschiedenen Medikamente geben sollte. „Möchtest du, dass ich dir vorlese?“ „Schön. Wenn du willst“, sagte der Junge. Sein Gesicht war sehr weiß, und er hatte dunkle Schatten unter den Augen. Er lag reglos im Bett und schien gleichgültig gegen alles, was vorging. Ich las ihm aus Howard Pyles Piratenbuch vor, aber ich sah, dass er nicht bei der Sache war.

„Wie fühlst du dich, Schatz?“, fragte ich ihn. „Genau wie vorhin, bis jetzt“, sagte er. Ich saß am Fußende des Bettes und las für mich, während ich darauf wartete, dass es Zeit war, ihm wieder ein Pulver zu geben. Normalerweise hätte er einschlafen müssen, aber als ich aufblickte, blickte er das Fußende des Bettes an und hatte einen seltsamen Ausdruck im Gesicht. „Warum versuchst du

nicht einzuschlafen? Ich werd dich wecken, wenn es Zeit für die Medizin ist." „Ich möchte lieber wach bleiben."

Nach einer Weile sagte er zu mir: „Papa, du brauchst nicht hier bei mir zu bleiben, wenn es dir unangenehm ist." „Es ist mir nicht unangenehm." „Nein, ich meine, du brauchst nicht zu bleiben, wenn es dir unangenehm wird." Ich dachte, dass er vielleicht ein bisschen wirr sei, und nachdem ich ihm um elf das verschriebene Pulver gegeben hatte, ging ich eine Weile aus.

Zu Haus sagte man mir, dass der Junge keinem erlaubt habe, in sein Zimmer zu kommen. „Du kannst nicht reinkommen", hatte er gesagt. „Du darfst das nicht bekommen, was ich habe." Ich ging zu ihm hinauf und fand ihn in genau derselben Lage, wie ich ihn verlassen hatte, weißgesichtig, aber mit roten Fieberflecken auf den Backen. Er starrte immer noch, wie er vorher gestarrt hatte, auf das Fußende des Bettes. Ich nahm seine Temperatur. „Wie viel habe ich?" „Ungefähr hundert", sagte ich. Es waren hundertundzwei und vier Zehntel. „Es waren hundertundzwei", sagte er. „Wer hat das gesagt?" „Der Doktor." „Deine Temperatur ist ganz in Ordnung", sagte ich. „Kein Grund, sich aufzuregen." „Ich rege mich nicht auf", sagte er, „aber ich muss immer denken." „Nicht denken", sagte ich. „Nimm's doch nicht so tragisch." „Ich nehme es nicht tragisch", sagte er und sah starr vor sich hin. Er nahm sich offensichtlich wegen irgendetwas schrecklich zusammen. „Schluck dies mit etwas Wasser." „Glaubst du, dass es helfen wird?" „Natürlich wird es." Ich setzte mich hin und schlug das Piratenbuch auf und begann zu lesen, aber ich konnte sehen, dass er nicht folgte, darum hörte ich auf.

„Um wie viel Uhr glaubst du, dass ich sterben werde?", fragte er.

„Was?" „Wie lange dauert es noch ungefähr, bis ich sterbe?" „Aber du stirbst doch nicht. Was ist denn los mit dir?"

„Doch, ich werde. Ich habe gehört, wie er hundertundzwei gesagt hat."

„Aber man stirbt doch nicht bei einer Temperatur von hundertundzwei. Es ist albern, so zu reden."

„Ich weiß aber, dass es so ist. In der Schule in Frankreich haben mir die Jungen erzählt, dass man mit vierundvierzig Grad nicht leben kann. Ich habe hundertundzwei."

Er hatte den ganzen Tag auf seinen Tod gewartet, die ganze Zeit über, seit neun Uhr morgens. „Mein armer Schatz", sagte ich. „Mein armer, alter Schatz. Es ist wie mit Meilen und Kilometern. Du wirst nicht sterben. Es ist ein anderes Thermometer. Auf dem Thermometer ist siebenunddreißig normal. Auf dieser Sorte achtundneunzig." „Bist du sicher?" „Völlig", sagte ich. „Es ist wie mit Meilen und Kilometern. Weißt du, so wie: Wie viel Kilometer machen wir, wenn wir siebzig Meilen im Auto fahren?"

„Ach", sagte er.

Aber die Starre schwand langsam aus seinem auf das Fußende seines Bettes gerichteten Blick; auch seine Verkrampftheit ließ schließlich nach und war am nächsten Tag fast ganz weg, und er weinte wegen Kleinigkeiten los, die ganz unwichtig waren.

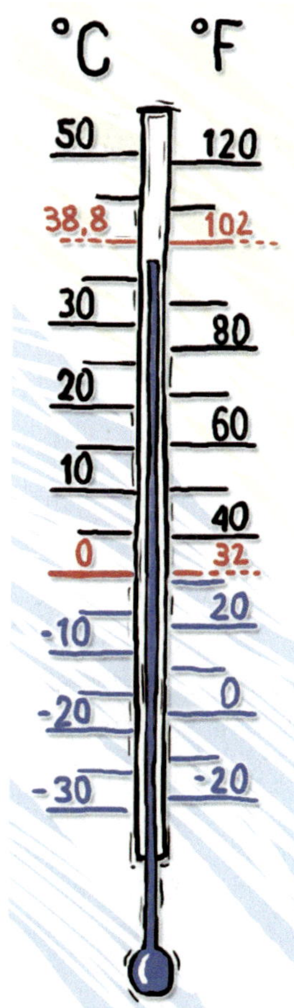

A Die Aufgabe verstehen

1 *Zunächst solltest du dir klarmachen, was beim Verfassen eines inneren Monologs von dir verlangt wird. Lies dir dazu die folgenden Vorschläge durch und kreuze die richtigen Aussagen an.*

Beim Verfassen eines inneren Monologs soll ich ...

a) ☐ den Leser über die wesentliche Handlung des Textes informieren.

b) ☐ den Typ oder Charakter des Jungen ausgehend vom Text deutlich machen.

c) ☐ die Situation aus Sicht des Vaters anschaulich bewerten.

d) ☐ die Gedanken und Gefühle des Jungen erschließen und anschaulich darstellen.

e) ☐ meinen Text in der 1. Person Singular (Ich-Form) aus Sicht des Jungen schreiben.

f) ☐ sachlich erläutern, warum man bei Fieber das Bett hüten sollte.

g) ☐ mich an den Ablauf der äußeren Handlung halten und den Ereignissen nichts hinzufügen.

h) ☐ den Text knapp zusammenfassen.

B Erstes Textverständnis/Material sammeln

1 *Worum geht es in der Geschichte „Ein Tag Warten"? Die folgenden Aufgaben helfen dir dabei, den Text zu verstehen.*

a) Der Junge in der Geschichte hat etwas falsch verstanden und macht sich deshalb große Sorgen um seinen Gesundheitszustand. Erkläre in wenigen Sätzen, was genau er falsch verstanden hat, und schreibe auf, warum er vermutlich so gedacht hat. Lies dazu die Zeilen 83–99 noch einmal genau.

b) Der Vater versteht die Ängste und Sorgen des Jungen nicht. Mache dies an den drei folgenden Textstellen deutlich:

Normalerweise hätte er einschlafen müssen, aber als ich aufblickte, blickte er das Fußende des Bettes an und hatte einen seltsamen Ausdruck im Gesicht. „Warum versuchst du nicht einzuschlafen? ..." (Zeilen 41–45)

Anstatt nachzufragen, warum der Junge so seltsam guckt, schlägt der Vater vor ...

„Papa, du brauchst nicht hier bei mir zu bleiben, wenn es dir unangenehm ist." „Es ist mir nicht unangenehm." „Nein, ich meine, du brauchst nicht zu bleiben, wenn es dir unangenehm wird." Ich dachte, dass er vielleicht ein bisschen wirr sei, ... (Zeilen 48–52)

„Kein Grund, sich aufzuregen." „Ich rege mich nicht auf", sagte er, „aber ich muss immer denken." „Nicht denken", sagte ich. (Zeilen 67–69)

c) Am Schluss der Geschichte klärt der Vater das Missverständnis auf (Zeilen 90–99). Versetze dich in die Rolle des Sohnes. Schreibe auf, wie sich der Junge an diesen Moment erinnert. Welche Gedanken und Gefühle hatte er? Verwende die Ich-Form.

TIPP

Oft gibt es so genannte **Leerstellen,** an denen der Autor bewusst etwas offenlässt.

Mehr als „Ach" konnte ich nicht sagen, dabei ging mir so viel durch den Kopf ...

2 *Welche Eigenschaften ordnest du dem Jungen zu? Die Begründungen für deine Vermutungen findest du im Text. Fülle die Lücken in den Sätzen mit den passenden Adjektiven aus dem Wortspeicher.*

Der Junge ist ...

______________________, denn er will seinen Vater schonen.

______________________, denn er erträgt die vermeintlich tödliche Krankheit fast den ganzen Tag lang tapfer.

______________________, denn er kann seinem Vater lange Zeit nicht sagen, dass er Angst hat.

______________________, denn er bleibt trotz der Krankheit allein im Zimmer, um seine Familie nicht anzustecken.

TIPP

Um die Gedanken und Gefühle der Figur in deinem inneren Monolog darstellen zu können, solltest du dich fragen, welche **Eigenschaften diese Figur** hat: Ist sie z. B. schüchtern oder selbstbewusst? In welcher Situation befindet sie sich?

Wortspeicher

schweigsam mutig vorlaut
introvertiert trotzig taktvoll
ängstlich zurückhaltend
rücksichtsvoll aufgeschlossen

3 *Links siehst du Textstellen, in denen der Vater, der Arzt oder der Sohn etwas sagen. Am nächsten Tag erinnert sich der Junge an diese Situationen.*
a) Ergänze seine Gedanken. Schreibe in der Ich-Form.

TIPP

Um die **Atmosphäre einer Erzählung** zu verstehen, muss man ganz genau hinsehen, d. h. auf kleine Wörter achten und „zwischen den Zeilen" lesen. Oft hilft es auch, einen Text laut und betont zu lesen, um die Gedanken und Gefühle der Figuren besser nachvollziehen zu können.

Textstelle	Die Gedanken und Gefühle des Jungen
A „Du gehst rauf ins Bett. Du bist krank." „Ich bin ganz in Ordnung." (Z. 12–13)	Zuerst dachte ich, dass es wohl nicht so schlimm sei, und wollte mich sogar nicht ins Bett schicken lassen.
B „Wie viel hat er?" „Hundertundzwei." *[sagte der Arzt]* (Z. 16–17)	
C „Möchtest du, dass ich dir vorlese?" „Schön. Wenn du willst." (Z. 31–32)	Wie konnte Papa nur so ruhig sein und mir vorlesen, wo ich doch bald sterben musste?
D „Wie fühlst du dich, Schatz?" „Genau wie vorhin, bis jetzt." (Z. 38–39)	Auch wenn es mir im Moment noch ganz gut ging, war mir klar, dass es mir sicher bald schlechter gehen würde. Warum hat Papa überhaupt so komisch gefragt? Das musste er doch wissen!
E „Ich rege mich nicht auf, aber ich muss immer denken." (Z. 67–69)	
F „Wie lange dauert es noch ungefähr, bis ich sterbe?" (Z. 80–81)	

b) Ergänze die Tabelle in deinem Heft mit zwei bis drei weiteren Textstellen, zu denen du die Gedanken des Jungen aufschreibst.

4 *Du solltest dir klarmachen, in welcher Gefühlslage der Junge sich am folgenden Tag befindet. Aus dem Text erfahren wir nur, dass er am nächsten Tag wegen ganz unwichtiger Kleinigkeiten weint (Zeile 104–105). Notiere hier deine Ideen, wie er sich fühlen könnte und warum er weint.*

Der Junge weint wegen Kleinigkeiten, denn er ... ______________________

____

____

C Einen Schreibplan erstellen

1 *Hier siehst du zwei Vorschläge für* ***Einleitungen.*** *Beide Varianten sind möglich.*
a) Kreuze diejenige an, die dir besser gefällt, und notiere unten, welche Möglichkeit aus dem Tippkasten verwendet wurde.
b) Ergänze den ausgewählten Satz in deinem Heft zu einer kurzen Einleitung.

Phillip schreibt:
War das ein Albtraum, mir ist noch ganz mulmig zu Mute. Gestern um diese Zeit dachte ich noch, dass ich ...

Mitra schreibt:
Als ich gestern bei Papa über Kopfschmerzen klagte, schickte er mich ...

TIPP

Es gibt viele Möglichkeiten, einen inneren Monolog zu beginnen.

- ☐ Du kannst zum Beispiel **mit einem äußeren Handlungsschritt anfangen,** der sich im Text wiederfindet, und dann in der Reihenfolge der Ereignisse erzählen.
- ☐ Eine andere Möglichkeit ist, die Gefühle der Figur in der aktuellen Situation darzustellen und dann **rückblickend die Ereignisse aufzurollen.**

Mir gefällt der Vorschlag von ______________________. Hier wird die Möglichkeit aus dem Tippkasten verwendet, bei der man ... ______________________

2 *Welche Dinge du beim Aufbau des Hauptteils beachten musst, kannst du wiederholen, indem du die Lücken im folgenden Text mit den Begriffen aus dem Wortspeicher füllst.*

Wortspeicher
Gedankengang
Textvorlage
Gefühle und Gedanken
Wiederholungen, Fragen oder Ausrufe
lückenlos
ausdrucksvoll und nachvollziehbar

Im Hauptteil meines inneren Monologs gebe ich den ______________________ des Jungen möglichst ______________________ wieder. Dabei orientiere ich mich an der ______________________. Ich beschreibe jedoch die ______________________ in der Ich-Form, anstatt nur die äußere Handlung wiederzugeben. Ich kann auch ______________________ einfügen, um die Gefühle und Gedanken der Figur für den Leser ______________________ darzustellen.

3 *Es gibt verschiedene Möglichkeiten, den* ***Schluss*** *deines inneren Monologs zu gestalten. Formuliere eine der drei folgenden Möglichkeiten in deinem Heft zu einem passenden Schlusssatz aus.*

Du kannst an den Anfang zurückkehren: Aber jetzt ist er vorüber, der Albtraum, ...
Du kannst einen Entschluss fassen und erklären: Das nächste Mal ...
Du kannst die veränderten Gefühle ausdrücken: Tja, und jetzt ...

D Schreibübungen

1 *Lies dir die folgenden drei Schülertexte durch und überlege, bei welchen es sich um einen inneren Monolog handelt.*
a) Begründe deine Wahl.
b) Schreibe die anderen beiden Vorschläge in deinem Heft so um, dass auch sie Ausschnitte aus inneren Monologen sein könnten.

TIPP
Ein innerer Monolog ist in der **Ich-Form** verfasst. Damit die Gedanken und Gefühle der Figur deutlich werden, kannst du viele **abwechslungsreiche Adjektive, Ausrufe und Fragen** verwenden.

A Die ganze Zeit über dachte er nach, warum sich niemand um ihn sorgte. Er war zwar noch ein Kind, aber man konnte doch mit ihm reden ...

B Hundertundzwei! So krank fühlte ich mich eigentlich gar nicht. Vater setzte sich einfach auf mein Bett und las mir vor ... als ob es nichts Wichtigeres geben würde, wenn man meint, man müsse sterben ...

C Sie standen im Zimmer und unterhielten sich leise. Alles schien etwas unwirklich zu sein und das Fieber machte es ihm fast unmöglich, einen klaren Gedanken zu fassen. Seine Backen glühten ...

____ ist ein innerer Monolog, denn ____________________

____

____

____

2 *Verfasse nun den Hauptteil deines inneren Monologs. Verwende dazu dein Material aus der Aufgabe B4 (Seite 28). Den Einleitungssatz und einen Schluss hast du ja bereits in den Aufgaben C1 und C3 formuliert.*

E Checkliste: Einen inneren Monolog verfassen

1 *Gehe am Schluss die folgende Checkliste durch und bearbeite deinen Text, wo es nötig ist.*

☑ Checkliste

ja	nein	
		Der Typ oder Charakter des Jungen wird in meinem inneren Monolog angemessen erfasst und veranschaulicht.
☐	☐	1. Ich habe nicht nur die äußere Handlung nacherzählt, sondern mich in den Jungen hineinversetzt und seine Gedanken und Gefühle geschildert.
☐	☐	2. Ich habe darauf geachtet, dass die Gedanken des Jungen zu den Hinweisen im Text und zur äußeren Handlung passen.
		Sprachlich und stilistisch ist mein innerer Monolog abwechslungsreich und korrekt.
☐	☐	1. Ich habe meinen Text in der 1. Person Singular (Ich-Form) geschrieben.
☐	☐	2. Ich habe abwechslungsreiche Verben und Adjektive verwendet und nicht zu häufig geschrieben: Ich dachte, ...
☐	☐	3. In meinem inneren Monolog habe ich nicht nur Hauptsätze aneinandergereiht, sondern auch andere Satzarten wie Fragen und Ausrufe verwendet.
☐	☐	4. Ich habe keine übertrieben umgangssprachlichen Ausdrücke verwendet.
☐	☐	5. Ich habe mir den Text am Ende noch einmal in Ruhe durchgelesen und dabei meine Rechtschreibung und Zeichensetzung überprüft.

6 *Louis Sachar:* Löcher – Eine literarische Figur charakterisieren

Aufgabenstellung

Charakterisiere die Figur des Stanley Yelnats, wie er im folgenden Auszug aus dem Roman von Louis Sachar dargestellt wird.

Louis Sachars Roman „Löcher. Die Geheimnisse von Green Lake" handelt von Stanley Yelnats, einem Jungen, der unschuldig verurteilt in die texanische Besserungsanstalt Camp Green Lake eingeliefert wird. Jeden Tag aufs Neue müssen die Jugendlichen ein fünf Fuß tiefes und fünf Fuß breites Loch in der Wüste ausheben. Was zunächst wie eine Erziehungsmaßnahme aussieht, dient in Wahrheit ganz anderen Zwecken: Die Chefin sucht nach dem Schatz einer berühmten Banditin, den diese kurz vor ihrem Tod in dieser Gegend vergraben haben soll.

Camp Green Lake ist eine Anstalt für schwere Jungs. Nimm einen von ihnen und du kannst sicher sein, dass ein guter Junge aus ihm wird. Jedenfalls glaubten das einige Leute.

Stanley Yelnats hatte sogar die freie Wahl. Der Richter sagte: „Du kannst es dir aussuchen – entweder du gehst ins Gefängnis oder du kommst nach Camp Green Lake."

Stanley kam aus einer armen Familie. Er war noch nie im Leben in einem Feriencamp gewesen.

[...] Stanley und seine Eltern hatten sich vorzumachen versucht, er würde einfach nur für eine Weile ins Feriencamp gehen, so wie die reichen Kinder. Als Stanley noch jünger war, hatte er oft mit seinen Plüschtieren Feriencamp gespielt. Vielleicht würde er ja auch Freunde finden. Zu Hause hatte er keine Freunde. Er war übergewichtig und die anderen Kinder in seiner Schule machten sich oft darüber lustig. Sogar seine Lehrer machten manchmal irgendwelche grausamen Bemerkungen, ohne es zu merken.

Stanley war kein schlechter Junge. Er hatte die Tat, wegen der man ihn verurteilt hatte, nicht begangen. Er war einfach im falschen Moment am falschen Ort gewesen. An der ganzen Sache war überhaupt nur sein Ururgroßvater schuld, dieser elende Tunichtgut und Schweinedieb! Stanley grinste. Das war so ein stehender Witz in seiner Familie. Wann immer irgendetwas schiefging, schoben sie die Schuld auf Stanleys Ururgroßvater, diesen elenden Tunichtgut und Schweinedieb.

Dieser Ururgroßvater, so hieß es, habe einmal einer Alten, der ein Fuß fehlte, ein Schwein gestohlen, weswegen sie ihn und alle seine Nachkommen verfluchte. Stanley und seine Eltern glaubten natürlich nicht an solche Flüche, aber wenn etwas schiefging, tat es einfach gut, jemanden zu haben, auf den man die Schuld schieben konnte. Und es ging bei ihnen eine ganze Menge schief. Immer schienen sie im falschen Moment am falschen Ort zu sein.

Stanleys Vater hieß ebenfalls Stanley Yelnats. In der Familie hatte man es immer toll gefunden, dass man „Stanley Yelnats" sowohl von vorn als auch von hinten lesen konnte. Deswegen wurden die Söhne immer Stanley genannt. Stanley war ein Einzelkind, ebenso wie die anderen Stanley Yelnats vor ihm. Und noch etwas anderes hatten sie gemein: Obwohl sie so viel Pech hatten, gaben sie die Hoffnung nie auf. Wie sagte Stanleys Vater gern: „Aus Fehlern wird man klug."

Als Stanley versuchte, sich auf seinem Feldbett umzudrehen, befürchtete er, es könnte unter ihm zusammenbrechen. Er passte kaum hinein. Als er es endlich geschafft hatte, sich auf den Bauch zu legen, war der Gestank so ekelhaft, dass er sich wieder umdrehen und versuchen musste, auf dem Rücken zu schlafen. Die Matratze stank wie saure Milch.
Obwohl es Nacht war, war die Luft noch immer warm. Zwei Betten weiter schnarchte Deo.
In seiner Schule hatte es einen Jungen gegeben, Derrick Dune, der ihn ständig fertiggemacht hatte. Die Lehrer hatten Stanleys Beschwerden nie ernst genommen, weil Derrick so viel kleiner war als Stanley. Manche Lehrer schienen es sogar witzig zu finden, dass ein kleiner Junge wie Derrick es ausgerechnet auf ein Riesenbaby wie Stanley abgesehen hatte.
An dem Tag, als Stanley festgenommen wurde, hatte Derrick Stanley das Hausaufgabenheft weggeschnappt, ihm damit vor der Nase herumgewedelt und gesagt: „Komm, hol's dir doch!" Schließlich hatte er es ins Jungenklo geschmissen. Bis Stanley es sich endlich zurückgeholt hatte, war sein Bus weg und er musste nach Hause laufen.
Auf diesem Nachhauseweg mit dem nassen Heft und der Aussicht darauf, die ruinierten Seiten noch mal abschreiben zu dürfen, waren die Turnschuhe vom Himmel gefallen.
„Ich bin nach Hause gelaufen und da fielen die Turnschuhe vom Himmel", hatte er dem Richter erzählt. „Einer ist mir direkt auf den Kopf gefallen." Es hatte richtig weggetan.
Genau genommen waren sie natürlich nicht vom Himmel gefallen: Er ging gerade unter einer Überführung hindurch, als ihm der Schuh auf den Kopf fiel.
Für Stanley war es so etwas wie ein Omen gewesen. Sein Vater war schon seit einiger Zeit daran, ein Recyclingverfahren für alte Turnschuhe zu entwickeln, und nun fiel Stanley ein Paar alte Turnschuhe auf den Kopf, scheinbar aus dem Nichts, wie ein Geschenk des Himmels.

Im Camp freundet sich Stanley mit einem Jungen namens Zero an. Er unterrichtet ihn im Lesen und Schreiben und dafür hilft ihm Zero beim Graben der Löcher. Eines Tages kommt es zu einer handgreiflichen Auseinandersetzung zwischen Zero und einem der Aufseher. Der Junge flüchtet daraufhin auf den ausgetrockneten See hinaus.

Und wenn es doch noch nicht zu spät war? Er sah zu, wie Mr. Sir X-Rays Flasche füllte. Das Bild von Zero, der über die heiße, trockene Erde kroch, ging ihm nicht aus dem Kopf. Aber was konnte er schon tun? Selbst wenn Zero nach über vier Tagen noch am Leben wäre – wie sollte Stanley ihn finden? Das würde Tage dauern. Er bräuchte ein Auto. Oder einen Pick-up. Einen Pick-up mit einem Wassertank hintendrauf.
Stanley überlegte, ob Mr. Sir wohl den Schlüssel im Zündschloss gelassen hatte. Langsam ging er rückwärts aus der Schlange und im Bogen seitlich auf das Auto zu. Er schaute durch das Fenster. Da waren die Schlüssel, sie baumelten am Schloss. Stanley fühlte, wie es ihn plötzlich in den Fingern juckte. Er atmete tief durch, um sich zu beruhigen und einen klaren Gedanken fassen zu können. Er war noch nie zuvor gefahren.
Wie schwierig mochte das sein? Es ist verrückt, sagte er sich. Aber egal, was er jetzt machte, er musste es schnell machen, bevor Mr. Sir etwas merkte.
Es ist zu spät, sagte er sich. Zero konnte unmöglich überlebt haben. *Und wenn es doch noch nicht zu spät war?* Wieder atmete er tief durch. Überleg's dir gut, befahl er sich selbst, aber es war keine Zeit zum Überlegen. Er riss die Wagentür auf und kletterte schnell hinein.
„He!", brüllte Mr. Sir.
Stanley drehte den Schlüssel herum und trat aufs Gaspedal. Der Motor sprang an. Der Wagen rührte sich nicht von der Stelle. Er trat das Pedal bis zum Anschlag durch. Der Motor heulte auf, doch der Wagen bewegte sich nicht. Dann machte der Wagen einen Satz vorwärts. Stanley wurde gegen die Rückenlehne gedrückt und hielt das Lenkrad fest umklammert, während der Wagen immer schneller wurde. Mit dem Fuß trat er noch immer das Pedal runter. Immer schneller raste der Wagen über das Bett des ausgetrockneten Sees. Holpernd fuhr er über einen Erdhaufen. Plötzlich flog Stanley erst nach vorn und dann zurück, als ein Airbag vor seinem Gesicht explodierte. Er fiel aus der offenen Tür und blieb am Boden liegen. Er war voll in ein Loch gefahren.
Er lag am Boden und schaute auf den Wagen, der mit Schlagseite in der Erde steckte. Er

seufzte. Dieses Mal konnte er seinen Urururgroßvater, diesen elenden, vermaledeiten Tunichtgut und Schweinedieb, nicht verantwortlich machen. Dieses Mal war es seine eigene Schuld, hundert Prozent. Was er jetzt gemacht hatte, war vermutlich das Allerdümmste, was er in seinem kurzen, elenden Leben fertiggebracht hatte.
Er schaffte es aufzustehen. Alle Knochen taten ihm weh, aber es kam ihm nicht so vor, als ob irgendwas gebrochen wäre. Er drehte sich nach Mr. Sir um, der noch immer an derselben Stelle stand und zu Stanley herüberstarrte.
Stanley rannte. Seine Wasserflasche hing ihm um den Hals. Beim Laufen schlug sie immer gegen seine Brust, und jeder Schlag erinnerte ihn daran, dass sie leer war – leer, leer, leer.

A Die Aufgabe verstehen

1 *Bringe die Arbeitsschritte in die richtige Reihenfolge, indem du sie nummerierst.*

a) ☐ Ich markiere und sammle alle Informationen über die Figur im Text.

b) ☐ Aus meinen Informationen erschließe ich die Eigenschaften der Figur.

c) ☐ Ich beurteile die Figur knapp selbst.

d) ☐ Ich beobachte die Figur und ihr Verhalten beim Lesen genau.

e) ☐ Ich stelle das Äußere, das Verhalten und die Charaktereigenschaften der Figur dar.

f) ☐ Ich ordne meine Informationen über die Figur, z. B. nach den Gesichtspunkten „äußeres Erscheinungsbild/soziale Stellung“, „Verhalten in der geschilderten Situation“, „ihr Inneres“.

B Ideen entwickeln – Stoff sammeln

1 *Was erfährst du über Stanley Yelnats im Text? Kreuze an.*

Stanley ist:	richtig	falsch
a) ein Junge aus einer armen Familie	☐	☐
b) sportlich	☐	☐
c) viel gereist	☐	☐
d) sehr beliebt	☐	☐
e) eigentlich kein schlechter Junge	☐	☐
f) übergewichtig	☐	☐
g) ein Glückspilz	☐	☐
h) jemand, der gern Verantwortung übernimmt	☐	☐

2 *In welcher Beziehung stehen die Figuren zueinander? Sammle Informationen zu ihrem Verhalten. Fülle dazu die Schreiblinien und belege deine Angaben mit Zeilenangaben aus dem Text.*

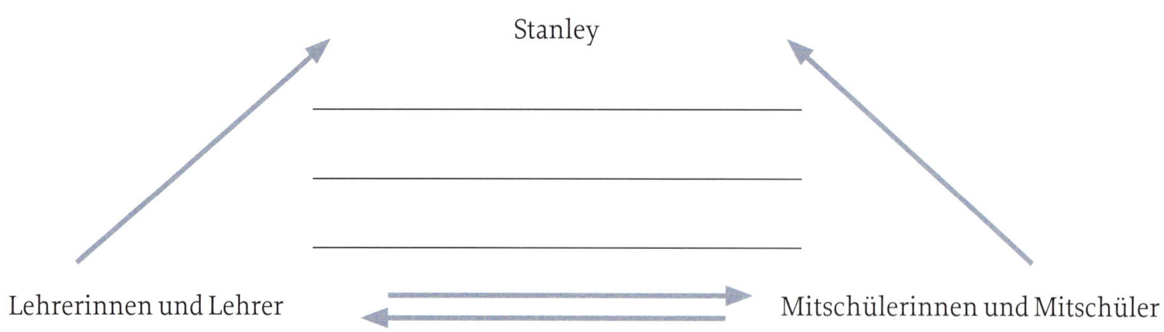

machen grausame Bemerkungen (Zeile 14)

3 *Sammle Informationen über Stanley.*

a) Markiere dazu
- *Textstellen, an denen Stanley etwas tut, sagt oder denkt, gelb und*
- *Textstellen, an denen andere Figuren oder der Erzähler etwas über Stanley äußern, rot.*

b) Ordne deine Informationen über die Figur in der Randspalte des Textes nach Gesichtspunkten. Der Wortspeicher hilft dir dabei.

Wortspeicher

äußeres Erscheinungsbild, besondere Merkmale
Beziehung zu seinen Mitmenschen (zu den Mitschülern, zu den Jungen im Camp)
soziale Stellung
Verhalten der Figur
Einstellungen, Gedanken (z. B. wenn Dinge schiefgehen)

TIPP

In einer Charakterisierung soll eine Figur so dargestellt werden, wie sie aus Signalen des Textes erfahrbar ist. Achte deshalb darauf, was du im Text über
- die äußere Erscheinung, über Alter, Beruf, soziale Stellung,
- die Gewohnheiten und Verhaltensweisen der Figur,
- ihre Ängste, Sorgen und Sehnsüchte erfährst oder
- wie die Figur von anderen eingeschätzt wird.

4 *a) Ergänze die folgende Tabelle mit deinen Überlegungen zu den Eigenschaften Stanleys, die du aus den abgedruckten Textstellen erschließen kannst.*

b) Aus welchen weiteren Textstellen kannst du Charaktereigenschaften Stanleys ableiten? Die Textstellen, die du bereits gelb markiert hast, bieten dir Material. Setze die Tabelle in deinem Heft fort.

TIPP

Wichtige **Charaktereigenschaften** einer Figur müssen oft aus **ihrem Verhalten oder ihren Äußerungen** im Text erschlossen werden.

Textstelle	Eigenschaften Stanleys
a) Stanley und seine Eltern hatten sich vorzumachen versucht, er würde einfach nur für eine Weile ins Feriencamp gehen, so wie die reichen Kinder. Als Stanley jünger war, hatte er oft mit seinen Plüschtieren Feriencamp gespielt. (Z. 9–11)	Stanley macht das Beste aus seiner Situation. Er ist dabei fast ein wenig naiv.
b) Vielleicht würde er ja auch Freunde finden. Zu Hause hatte er keine Freunde. (Z. 11–12)	Er gibt die Hoffnung nicht auf, lässt sich durch nichts entmutigen.
c) An der ganzen Sache war überhaupt nur sein Ururgroßvater schuld, dieser elende Tunichtgut und Schweinedieb. (Z. 16–18)	
d) An dem Tag, als Stanley festgenommen wurde, hatte Derrick Stanley das Hausaufgabenheft weggeschnappt [...] Bis Stanley es sich endlich zurückgeholt hatte, war sein Bus weg und er musste nach Hause laufen. Auf diesem Nachhauseweg [...] waren die Turnschuhe vom Himmel gefallen. (Z. 44–49)	
e) *Es ist zu spät,* sagte er sich. Zero konnte unmöglich überlebt haben. *Und wenn es doch noch nicht zu spät war?* Wieder atmete er tief durch. Überleg's dir gut, befahl er sich selbst, aber es war keine Zeit zum Überlegen. Er riss die Wagentür auf und kletterte schnell hinein. (Z. 73–76)	

C Einen Schreibplan erstellen

1 *Ordne den Bausteinen deiner Charakterisierung die richtigen Inhalte zu.*

1 So beginne ich meinen Text:	a) eigene Beurteilung der Figur mit Begründung
2 So kann ich in meinem Hauptteil vorgehen:	b) Nennung von Titel, Autor, Textart, Namen der Figur und Ausgangssituation der Erzählung
3 So beende ich meinen Text:	c) Darstellung des Charakters der Figur, z. B. vom Äußeren über das Verhalten zum Inneren

2 *Hier siehst du drei Möglichkeiten für den Anfang deiner Charakterisierung.*
*Wähle einen **Einleitungssatz** aus und begründe deine Wahl.*

A Stanley Yelnats ist ein übergewichtiger Junge und bei allen unbeliebt. Er ist unschuldig verurteilt und muss seine Strafe in einer texanischen Besserungsanstalt verbüßen.

B Stanley Yelnats in dem Roman „Löcher. Die Geheimnisse von Green Lake" von Louis Sachar ist ein übergewichtiger Junge, der in einem Bootcamp Löcher graben muss.

Ich würde meine Einleitung ähnlich wie Beispiel ______
verfassen, denn ______
______

C In dem Textauszug aus dem Jugendroman „Löcher. Die Geheimnisse von Green Lake" von Louis Sachar erkennt die Hauptfigur Stanley Yelnats durch schmerzliche Erfahrung, dass er für sein Leben selbst verantwortlich ist.

D Schreibübungen

1 *Trage die Adjektive in die passenden Äste der Mind-Map ein und sammle weitere Ausdrücke, die Stanley charakterisieren.*

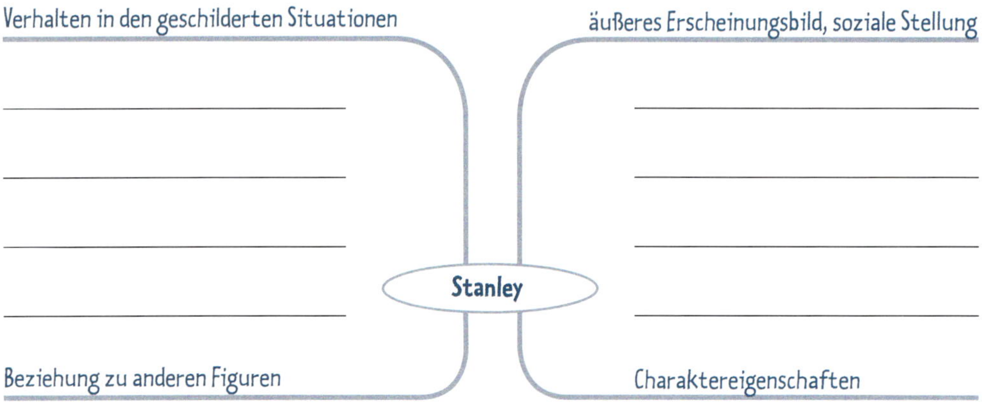

______ ______
______ ______
______ ______
______ ______

TIPP

Eine **sorgfältige und abwechslungsreiche Wortwahl** ist zur Darstellung des Charakters einer Figur besonders wichtig. Um deinen Wortschatz zu erweitern, kannst du auch in einem Synonymwörterbuch nachschlagen.

Wortspeicher

übergewichtig arm unschuldig einfühlsam energisch groß mutig mitfühlend dick kühn entschlossen wehrlos abwägend gekränkt zäh nachdenklich hilfsbereit optimistisch gutgläubig

2 *Übe die beiden Techniken, die im Tippkasten erklärt werden. Ergänze dazu die unten abgedruckte Tabelle*

TIPP

Wichtig ist, dass man sich bei der Charakterisierung auf Textstellen bezieht und diese angibt.
Das macht man entweder, indem man
- **Zitate** mit „…" in den Text einbaut und die Zeilenzahlen in Klammern dahintersetzt (Z. 23) oder indem man
- die Beobachtungen aus dem Text **mit eigenen Worten umschreibt (Paraphrase).**

Textstelle	wörtliches Zitieren mit Zeilenangabe	Umschreibung mit eigenen Worten (Paraphrase)
Er hatte die Tat, wegen der man ihn verurteilt hatte, nicht begangen. Er war einfach im falschen Moment am falschen Ort gewesen. An der ganzen Sache war überhaupt nur sein Ururgroßvater schuld, dieser elende Tunichtgut und Schweinedieb! (Zeilen 15–18)	Wie immer konnte Stanley auch dieses Mal nichts dafür. „Er war einfach im falschen Moment am falschen Ort gewesen." (Z. 16) Ihn traf keine Schuld, es war so etwas wie ein Familienerbe.	Stanley war unschuldig. Er hatte einfach nur das Pech zufällig am Tatort gewesen zu sein. Pech zu haben, lag bei ihm in der Familie.
Da waren die Schlüssel, sie baumelten am Schloss. Stanley fühlte, wie es ihn plötzlich in den Fingern juckte. Er atmete tief durch, um sich zu beruhigen und einen klaren Gedanken fassen zu können. Er war noch nie zuvor gefahren. Wie schwierig mochte das sein? Es ist verrückt, sagte er sich. (Zeilen 68–71)	__________	__________

3 *a) Schreibe deine Charakterisierung in dein Heft. Dazu kannst du deine Ideen und Informationen aus B3 und B4 sowie den Wortschatz aus D1 nutzen.*
b) Formuliere ***am Schluss*** *eine persönliche Bewertung. Begründe darin deine Einschätzung. Leite diese mit einer kausalen Konjunktion wie:* wenn, weil, da, denn *ein.*

TIPP

Eine Charakterisierung schreibt man im **Präsens.** Damit sie **übersichtlicher** wird, ist es hilfreich, wenn du die Darstellung des Äußeren, des Verhaltens und der Eigenschaften der Figur jeweils in einer neuen Zeile beginnst.

E Überarbeitung der Charakterisierung

1 *Anhand der folgenden Checkliste kannst du prüfen, ob deine Charakterisierung gelungen ist oder ob du einige Punkte überarbeiten solltest.*

☑ Checkliste

ja	nein	Kriterien	Woran kann ich das erkennen?
☐	☐	1. Mein Text hat einen klaren Aufbau.	Ich habe meiner Charakterisierung eine Einleitung vorangestellt, habe im Hauptteil mehrere Absätze gemacht, das Äußere, das Verhalten und die Eigenschaften der Figur beschrieben.
☐	☐	2. Meine Charakterisierung bezieht sich immer auf den Text.	Ich kann in meinem Text viele wörtliche Zitate und Paraphrasen mit Häkchen versehen.
☐	☐	3. Ich habe die Textvorlage nicht nur übernommen, sondern aus den Informationen Charaktereigenschaften der Figur abgeleitet.	Ich kann in meiner Charakterisierung viele Textstellen markieren, in denen das Innere der Figur, also Eigenschaften, Gedanken und Gefühle, dargestellt ist.
☐	☐	4. Am Schluss der Charakterisierung steht mein eigenes Urteil, das sich aus dem Text ableiten lässt.	In meiner Beurteilung der Figur habe ich einen Grund für mein Urteil angegeben. Ich kann z. B. eine kausale Konjunktion: wenn, da, denn … in meinem Schlusssatz unterstreichen.

7 *Maria Trübswetter:* Vom Tagebuch zum Weblog – Einen Sachtext erschließen

Aufgabenstellung

1 Fasse den Inhalt des Textes von Maria Trübswetter „Vom Tagebuch zum Weblog. Ausstellung ‚@bsolut privat!?'" zusammen.

2 Nimm Stellung zu der Aussage eines Ausstellungsbesuchers: „Tagebuch schreiben die Menschen schon seit Jahrhunderten – da können Weblogs nicht mithalten."

Vom Tagebuch zum Weblog

Ausstellung „@bsolut privat!?" in Frankfurt

von Maria Trübswetter

Für viele junge Menschen ist es inzwischen ein tägliches Ritual: Sie notieren die Ereignisse des Tages in einem Online-Tagebuch, auch Weblog genannt – oder kurz Blog. Familienstreitereien, Urlaubsbilder oder politische Kommentare – das alles wird frei zugänglich ins Netz gestellt. Auf den ersten Blick scheinen solche Blogs mit klassischen Tagebüchern wenig gemeinsam zu haben. Doch es gibt zahlreiche Verbindungslinien, wie die Ausstellung „@bsolut privat!?" im Museum für Kommunikation in Frankfurt am Main zeigt.

Bekannte Tagebücher wie das der Anne Frank stehen in der Ausstellung „@bsolut privat!?" gleichberechtigt neben Blog-Einträgen. Zu Recht, findet Museumsdirektor Helmut Gold, denn beides ist Teil einer facettenreichen Tagebuchkultur: „Es geht bei beiden darum, über sich zu schreiben, und es geht um den Tag als strukturierendes Element."

Zudem arbeiten beide mit Einlagen und Verweisen, wenn zum Beispiel Blumen in ein Tagebuch geklebt oder YouTube-Videos in ein Blog verlinkt werden. Und noch eine Gemeinsamkeit fällt beim Blättern durch die papierenen und digitalen Tagebücher auf: Egal ob sie als Lebenswerke geplant oder nur auf einen kurzen Zeitraum angelegt sind, immer ist der erste Eintrag voll guter Vorsätze.

Für viele ist Tagebuchschreiben verbunden mit der Vorstellung von Intimität und Privatheit. Das Fragezeichen im Ausstellungstitel „@bsolut privat!?" lädt ein, dieses gängige Bild zu überprüfen. Denn schon vor dem Internetzeitalter gab es Tagebücher, die auf Veröffentlichung hin angelegt waren, zum Beispiel das der Anne Frank. Sie schrieb anfangs nur für sich, wollte dann aber das Leben der verfolgten Juden dokumentieren und hat deshalb ihre Aufzeichnungen im Jahr 1944 überarbeitet. Die meisten Tagebücher sind aber, im Gegensatz

Tagebucheintrag der Autorin Lou Andreas-Salomé auf einem Kalenderblatt (1899)

zum Blog, privat. Erst nach dem Tod des Verfassers ist ein Blick in die eindrucksvollen Lebensbilder möglich. Nicht nur die sprachliche Vielfalt der Tagebücher ist beeindruckend, auch die Form der Aufzeichnungen lässt bisweilen staunen: Der Zimmermann Hans Gröner hat seine Gedanken zum Beispiel auf Holzscheiten festgehalten. Nur zufällig hat die Enkelin diese Aufzeichnungen nach seinem Tod gefunden. In kleinen Handkalendern notierte ein Unbekannter 40 Jahre lang sein Mittagessen – sonst nichts. Und Inken Helldorfer, alias Else Seefahrt, gibt in einem Videotagebuch, öffentlich ins Netz gestellt, Einblicke in ihren Alltag.

Egal in welcher Form, für viele Menschen ist das Tagebuch ein wichtiger Bestandteil ihres Alltags. Es gehe darum, schreibend das eigene Leben zu begreifen, erklärt Andrea Diener, die mit ihrem Blog in der Ausstellung vertreten ist. „Irgendwie entgleitet einem die Zeit und man möchte dann wenigstens gewisse Punkte immer wieder aufgereiht haben, möchte sein Leben ein bisschen strukturieren und vielleicht später auch wieder nachlesen."

Für Menschen wie Fritz Solmitz ist das Tagebuch auch die Chance, eine letzte Botschaft zu hinterlassen: Der KZ-Häftling hat auf Zigarettenpapier die letzten Tage seines Lebens festgehalten. „Jeden Tag hört man jetzt Peitschenschläge und Schreie. Wie lange wird's noch dauern, bis ich wieder dran bin?", schreibt er drei Tage vor seinem Tod. In einer Taschenuhr versteckt gelangt das Tagebuch an seine Ehefrau. Anfang der 60er Jahre dienen diese Aufzeichnungen sogar als Beweismittel im Gerichtsprozess gegen einen der Aufseher.

www.sonntags.zdf.de

A Die Aufgabenstellung verstehen

1 *Überlege, was du zu tun hast, um die Aufgabe zu bewältigen. Bringe dazu die einzelnen Arbeitsschritte in die richtige Reihenfolge. Nummeriere sie entsprechend.*

a) ☐ Ich markiere Begriffe, die ich nicht verstehe, und kläre diese.

b) ☐ Ich teile den Text in Abschnitte ein und finde Teilüberschriften.

c) ☐ Ich lese den Text aufmerksam.

d) ☐ Ich bilde mir eine eigene Meinung zu der Aussage „Weblogs können mit Tagebüchern nicht mithalten".

e) ☐ Ich unterstreiche Schlüsselwörter und Kernstellen.

f) ☐ Ich gebe den Text zusammenfassend wieder.

g) ☐ Ich verfasse eine Stellungnahme zu der Aussage „Weblogs können mit Tagebüchern nicht mithalten", indem ich aussagekräftige Argumente aus dem Text durch eigene Argumente ergänze und so meine Position darlege.

B Erstes Textverständnis

1 *Titel und Untertitel des Textes sprechen zwei Aspekte an, auf die die Autorin im Text ausführlicher eingeht.*
a) Nenne die beiden Aspekte. Achte dabei auch auf die Schreibweise des Untertitels.

Titel: ______________________________

Untertitel: ______________________________

b) Markiere mit zwei verschiedenfarbigen Textmarkern, welchen Aspekten die Beispiele und Ausführungen jeweils zuzuordnen sind.

2 *Zeige an einem Schaubild auf, was die beiden Aspekte miteinander zu tun haben.*
a) Notiere zunächst, was Tagebuch und Weblog gemeinsam haben.
b) Ordne dann die unterscheidenden Merkmale zu.
c) Wo verortest du im Schaubild die Begriffe „privat“ und „öffentlich“?

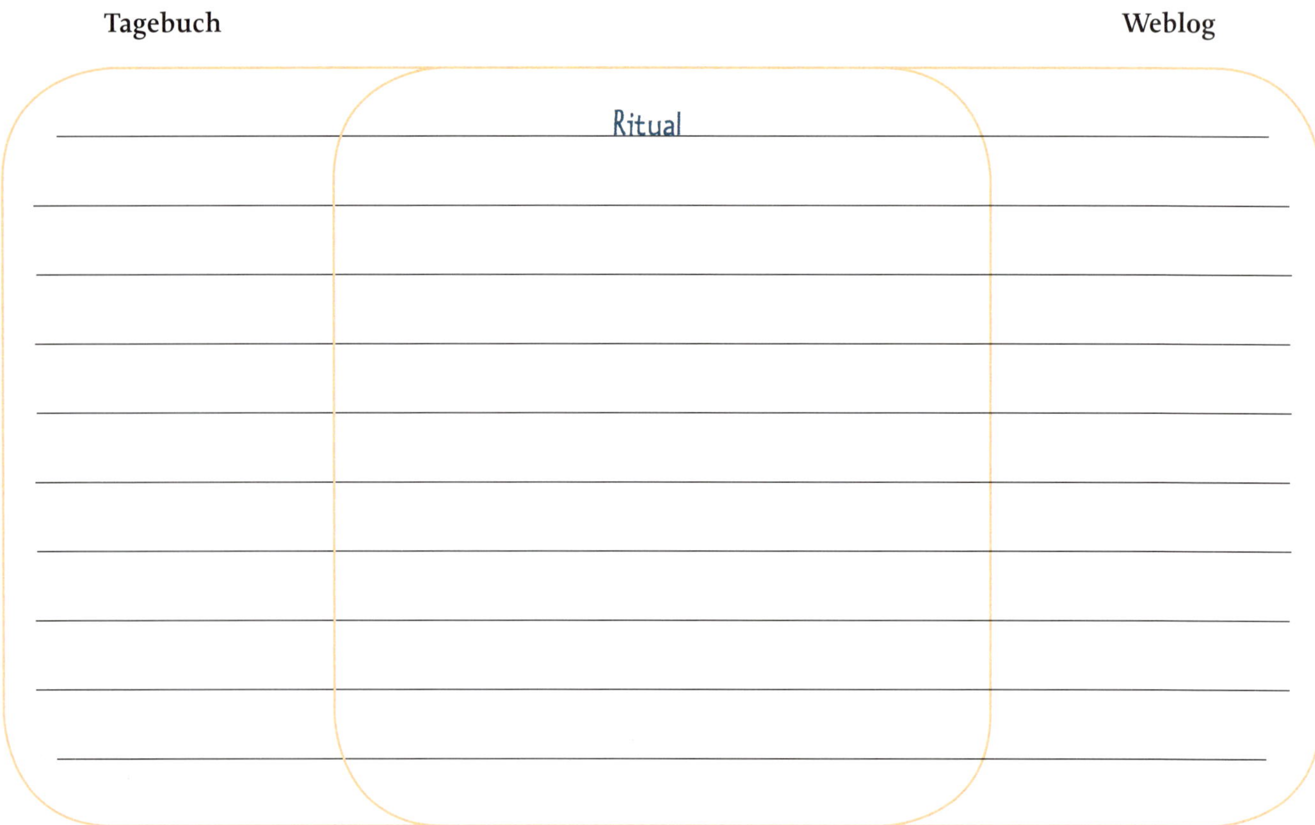

C Einen Schreibplan erstellen

1 *Plane nun grob deinen Aufsatz. Ordne zu, welche Inhalte am besten in der Einleitung (E), im Hauptteil (H) bzw. im Schluss (S) aufgehoben sind. Kennzeichne sie entsprechend.*

TIPP

In einer Textzusammenfassung informierst du in

- der **Einleitung** über den Autor/die Autorin, den Titel und die Themenstellung des Textes, nennst Textart und Fundstelle (Quelle),
- im **Hauptteil** fasst du die wesentlichen Textinhalte in eigenen Worten zusammen.

2 *Welche der Aussagen stellt die zutreffendste Einleitung in das Thema dar? Kreuze an.*

Der Beitrag von Maria Trübswetter „Vom Tagebuch zum Weblog", veröffentlicht am 6. Juli 2008 auf der Homepage des ZDF, beschreibt ...

a) ☐ ... wie aktuell das Schreiben von Tagebüchern noch immer ist.

b) ☐ ... anlässlich des Besuchs einer Ausstellung zu Tagebuch und Weblog Gemeinsamkeiten und Verbindungslinien zwischen den beiden Darstellungsformen.

c) ☐ ... die Gefahren des Ins-Netz-Stellens intimster Bekenntnisse und persönlicher Ansichten.

d) ☐ ... wie Weblogs das traditionelle Tagebuchschreiben abgelöst haben.

D Übungen

1 *Erarbeite dir eine Textgliederung. Ordne dazu Zeilenangaben, Teilüberschriften und inhaltliche Stichpunkte einander zu, indem du Verbindungslinien ziehst.*

Zeilen	Teilüberschrift	inhaltliche Stichpunkte
1–10	Zwischen Intimität und Veröffentlichung	über sich selbst schreiben, strukturierendes Moment; Einlagen, Verweise, Links; gute Vorsätze
11–24	Thema und Intention der Ausstellung	Ausstellungstitel; Beispiel Anne Frank; Aufzeichnungen überarbeiten und dokumentieren; Lebensbilder
25–36	Teil des Alltags	Holzscheite; Handkalender; Videotagebücher
37–46	Vielfalt der Formen	Beispiel des von den Nationalsozialisten ermordeten Fritz Solmitz; Beweismittel
47–55	Chance auf eine letzte Botschaft	das Leben strukturieren; Erlebtes nachlesen können
56–65	Gemeinsamkeiten von Tagebuch und Weblogs	Verbindungslinien zwischen Tagebuch und Weblogs aufzeigen

2 *Setze die folgenden Sätze in die indirekte Rede. Du kannst so beginnen:*

Maria Trübswetter schreibt, …:

a) „Für viele junge Menschen ist es inzwischen ein tägliches Ritual." (Z. 1 f.)

____

____

____

____

b) „Doch es gibt zahlreiche Verbindungslinien." (Z. 8)

____

____

____

____

TIPP

Äußerungen und Gedanken anderer kannst du

- **wörtlich zitieren,** z. B.: *„Das Tagebuch ist mein bester Freund", gesteht Friederike.*
- in **indirekter Rede im Konjunktiv** wiedergeben, z. B.: *Friederike ist überzeugt, das Tagebuch sei ihr bester Freund,* oder
- **paraphrasieren,** d. h. umschreiben, z. B.: *Ihrer Meinung nach ist das Tagebuch ihr bester Freund.*

Tagebuchholz von Hans Gröner

c) „Es geht bei beiden darum, über sich zu schreiben, und es geht um den Tag als strukturierendes Element", meint Museumsdirektor Helmut Gold. (Z. 15–16)

____

____

____

d) „Und noch eine Gemeinsamkeit fällt beim Blättern durch die papierenen und digitalen Tagebücher auf" (Z. 20–24)

____

____

e) „Irgendwie entgleitet einem die Zeit …", führt Andrea Diener als Beweggrund an. (Z. 51).

____

____

3 *Der zweite Teil der Aufgabenstellung verlangt von dir eine persönliche Stellungnahme zu der Aussage (These) „Weblogs können mit Tagebüchern nicht mithalten". Sieh dir hier noch einmal deine Lösung zu Aufgabe 3 im Teil B des Kapitels an (▷ S. 37/38). Deine Antworten zur Teilaufgabe a) sind zugleich Argumente, die die Aussage widerlegen.*

a) Lege dir eine Tabelle an, in der du die Aussage bestätigst (Pro-Argumente) oder widerlegst (Kontra-Argumente)

TIPP

Wenn du zu einem Thema Stellung nehmen sollst, benötigst du **Argumente,** um deine Meinung zu begründen. Hier sollst du auf Aussagen aus dem Text zurückgreifen, die Fakten, Erfahrungen oder Expertenmeinungen wiedergeben. Untermaure diese durch eigene Beispiele und Belege.

Pro-Argumente	Kontra-Argumente

b) Überlege, ob dich die Argumente auf der Pro- oder Kontraseite eher überzeugen. Zu welchem Schluss kommst du? Kreuze an:

☐ Ich stimme der Aussage zu.

☐ Ich stimme der Aussage nicht zu.

4 *Schreibe nun deinen Aufsatz mit der Textzusammenfassung und Stellungnahme in dein Heft. Greife auf die Vorarbeiten aus den Teilen B, C und D zurück und nutze auch den Wortspeicher.*

Wortspeicher

Die Autorin führt dann ein zweites Beispiel an: ... In beiden Fällen weist die Autorin nach, ... Der Text ist so aufgebaut, dass zunächst ... Im Folgenden werden mit Hilfe von weiteren Argumenten/Beispielen ... Als Abschluss/Höhepunkt/Pointe steht ... Auffällig sind/ist ... außerdem häufen sich ... ebenso werden ... benutzt, Diese Beispiele verdeutlichen/betonen/unterstreichen, dass ... Die Wirkung/Funktion der Vergleiche besteht darin, ...

E Den eigenen Text überarbeiten

1 *Prüfe, nachdem du deinen Aufsatz geschrieben hast, ob du alle wichtigen Punkte berücksichtigt hast. Nutze dazu die Checkliste unten.*

✔ Checkliste

ja	nein	Ich habe ...
☐	☐	... mir die Aufgabenstellung am Anfang genau durchgelesen.
☐	☐	... in der Einleitung Autor/in, Titel und Themenstellung des Textes genannt.
☐	☐	... den Inhalt des gesamten Textes in eigenen Worten wiedergegeben.
☐	☐	... dabei verschiedene Verben des Sagens, Denkens und Meinens verwendet.
☐	☐	... im Präsens geschrieben.
☐	☐	... Aussagen der Autorin durch indirekte Rede, Zitate oder Paraphrase belegt.
☐	☐	... den Konjunktiv der indirekten Rede korrekt verwendet.
☐	☐	... beschrieben, wie der Text aufgebaut ist.
☐	☐	... mit eigenen Argumenten meine Meinung zu der Position der Autorin entwickelt.
☐	☐	... in meinem Aufsatz Abschnitte gebildet, um ihn übersichtlich zu gestalten.
☐	☐	... auf korrekte Rechtschreibung und Zeichensetzung geachtet.

8 Schlankheitswahn: Heißt schön sein mager sein? – Zu Sachtexten Stellung nehmen

Aufgabenstellung

Der Tod zweier Models im Jahr 2006 hat in den Medien eine heftige Diskussion ausgelöst, weil die Modebranche immer dünnere Models für ihre Laufstege verpflichtet und als Schönheitsideal inszeniert.

1. Stelle die wesentlichen Informationen der Materialien M1, M2 und M3 knapp und präzise dar.
2. Setze die Aussagen des Diagramms M3 in Beziehung zu den Aussagen der Texte M1 und M2.
3. Nimm kurz Stellung zur Ausgangsfrage. Beziehe dabei Erfahrungen aus deiner Umgebung mit ein.

M1 Lexikonartikel

Size zero [engl., „Größe null"]

1. Bezeichnung für die Damenkonfektionsgröße null im US-amerikanischen Katalog-Größensystem (entspricht in Deutschland Größe 32).
2. Im Lauf des Jahres 2006 aufgekommene Bezeichnung für Körpertypen, die nach verminderter Kalorienzufuhr in Kleidungsstücke dieser Größe passen. Die für S. z. notwendigen Maße entsprechen hierbei der Körperform eines durchschnittlich entwickelten zwölfjährigen Mädchens. In der Modewelt wurde das Problem **S. z.** heftig diskutiert, als die Veranstalter der „Fashion Week" in Madrid im September 2006 fünf untergewichtige Mannequins[1] von der Veranstaltung ausschlossen. Zudem erlagen im Lauf dieses Jahres im Abstand von nur wenigen Monaten zwei Fotomodels dem **S.-z.**-Wahn, nachdem sie sich monatelang nur von Äpfeln und Tomaten bzw. von Salat und Coke zero ernährt hatten. Berühmte Trägerin der **S.-z.**-Größe ist z. B. Victoria Beckham.

1 **Mannequins:** Models

M2 Zeitungsartikel

Im Kampf mit dem eigenen Körper

„Ich bin zu dick" von Sandra Müller

1 Vier von zehn Mädchen finden sich zu dick, und jeder achte Junge stöhnt über sein zu hohes Körpergewicht. Das gängige Schönheitsideal vom schlanken Menschen beeinflusst immer mehr Mädchen und mittlerweile auch Jungen. Die Zahl derer, die an einer Essstörung erkranken, steigt immer weiter an.

2 Unter Magersucht (Anorexia) versteht man eine Störung des Essverhaltens, bei der eine Person ihr Körpergewicht willentlich und ohne körperlichen Grund drastisch reduziert. Der Begriff „Anorexia" stammt aus dem Lateinischen und bedeutet „Appetitlosigkeit" – was die Krankheit eigentlich gar nicht richtig beschreibt, da die Ursache der Magersucht nicht unbedingt in mangelndem Appetit liegt. Es beginnt damit, dass die betroffenen Mädchen oder Jungen immer weniger essen. Das Auffälligste an der Magersucht ist die extreme Gewichtsabnahme. Magersüchtige verweigern die Nahrung und denken trotzdem immer ans Essen. Ihr Körpergefühl ist gestört – sie erleben sich immer noch als zu dick, auch wenn sie schon völlig abgemagert sind. Manche denken, dass sie von einem Eis drei Kilogramm zunehmen würden.

3 In den vergangenen Jahren ließ sich auch bei Jungen und Männern eine extreme Zunahme von Essstörungen beobachten. Seit Fitness zu einem wichtigen Bestandteil des gesellschaftlichen Lebens geworden ist, sind offensichtlich auch immer mehr Männer ständig um ihre Figur besorgt.

4 Viele Models und Schauspielerinnen stehen im Verdacht, magersüchtig zu sein. Unterdessen geht die Castingshow Germany's Next Topmodel (Deutschlands nächs-

tes Topmodel) in die zweite Runde. Schon während der ersten Staffel entbrannte eine Diskussion um den Schönheitswahn und die Macht der Medien. Junge Mädchen eifern gerne ihren mageren Idolen nach: langbeinig, schmale Hüften, flacher Bauch. Problematisch dabei ist, dass sich ihr eigener Körper in der Pubertät oft ganz anders entwickelt: Fett wird eingelagert, Hüften und Po runden sich. Wenn dann auch noch Klassenkameraden anfangen zu sticheln, geraten viele Jugendliche in einen Konflikt.

5 Oft wird empfohlen, seinen Body-Mass-Index (BMI) zu berechnen, um sein eigenes Gewicht einzuschätzen. Um ihn zu berechnen, multipliziert man seine Körpergröße in Metern mit derselben Zahl, zum Beispiel „1,64 mal 1,64“. Dann teilt man sein Gewicht in Kilogramm durch das Ergebnis, beispielsweise 60 durch 2,6896, also etwa 22,31. Wenn der BMI zwischen 19 und 25 liegt, ist das Gewicht normal. Liegt er über 25, ist man etwas übergewichtig. Liegt er unter 19, ist man untergewichtig.

6 Wenn du selbst das Gefühl hast, dass Essen für dich zum Problem wird, oder wenn du immer mehr oder immer weniger isst, weil du traurig bist, dann solltest du mit einer Person deines Vertrauens darüber sprechen.

www.helles-koepfchen.de

M3 Grafik

Körpergewicht von Kindern und Jugendlichen

Anteil normalgewichtiger sowie zu dicker und zu dünner Kinder zwischen 0 und 17 Jahren

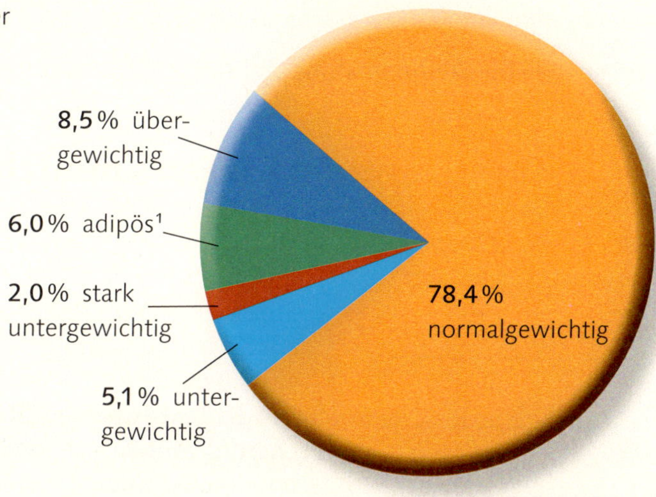

1 **adipös:** fettleibig

www.learn-line.nrw.de

A Die Aufgabe verstehen

1 *Welche der folgenden Aussagen trifft zu, welche nicht? Kreuze an.*

Du sollst in der Klassenarbeit ...	richtig	falsch
a) ... Informationen aus den vorliegenden Materialien entnehmen.	☐	☐
b) ... auf das Diagramm nur eingehen, wenn es deiner Erfahrung entspricht.	☐	☐
c) ... eine Inhaltsangabe zu einem der Materialien verfassen.	☐	☐
d) ... die aus den Materialien gewonnenen Informationen miteinander vergleichen.	☐	☐
e) ... die Frage beantworten, indem du deine Meinung zum Thema darstellst.	☐	☐

2 *Kreuze auch hier an, ob die Aussagen richtig oder falsch sind.*

In der Stellungnahme sollst du ...	richtig	falsch
a) ... deine Argumente mit Fakten oder anschaulichen Beispielen stützen.	☐	☐
b) ... den Leser/die Leserin deines Textes von deiner Sicht überzeugen.	☐	☐
c) ... Argumente ausschließlich aus den vorliegenden Materialien entnehmen.	☐	☐
d) ... sachlich und objektiv Übereinstimmungen und Unterschiede darstellen.	☐	☐
e) ... eigene Erlebnisse oder Vorwissen in deine Stellungnahme einbringen.	☐	☐

B Eine Materialsammlung auswerten – Ideen sammeln

1 *Was ist das gemeinsame Thema der Texte und Grafik M1–M3? Formuliere einen zusammenfassenden Satz.*

____

____

____

____

TIPP

Eine themenbezogene Materialsammlung kann z. B. Sachtexte, Grafiken, Interviews und Bilder enthalten.
Um die **Texte und Grafiken miteinander vergleichen** zu können, solltest du ihre **Gemeinsamkeiten herausfinden.** Dazu bietet es sich an, zunächst alles einmal zu überfliegen.

2 *Lies dir den Text **M1** aufmerksam durch. Was erfährst du über die Kleidergröße „zero" und die Folgen ihrer Einführung in Handel und Werbung? Markiere dazu Schlüsselwörter.*

3 *a) Was weißt du über Magersucht? Lies den Text **M2** und markiere Informationen zum Thema. Notiere am Rand wichtige Schlüsselwörter.*
b) Ordne die folgenden Überschriften den passenden Textabschnitten zu:

TIPP

Bei der Arbeit mit einer Materialsammlung solltest du auch **alle Texte einzeln unter die Lupe nehmen.** Dabei gehen das Markieren von **Schlüsselwörtern** und das **Einteilen in Sinnabschnitte** Hand in Hand, da Schlüsselwörter meist auch deutlich machen, wo etwas Neues beginnt. Man muss also zwischen diesen beiden Schritten hin- und herspringen.

A	☐	Berechnung des Normalgewichts	D	☐	Hilfe bei Essstörungen
B	☐	Einfluss von Mode und Medien	E	☐	Problem nicht nur für Frauen
C	☐	Definition von Magersucht	E	☐	Schönheitsideal und Auswirkungen

4 *Schau dir nun die Grafik **M3** genau an.*
a) Wie nennt man diese Art der grafischen Darstellung? Kreuze die richtige Antwort an.

1. ☐ Balkendiagramm
2. ☐ Tortendiagramm
3. ☐ Säulendiagramm
4. ☐ Tabelle

b) Fasse kurz die Aussage der Grafik zusammen.

Die Grafik ist ein ______________________

und zeigt, dass ______________________

____

____

____

____

TIPP

Wenn du **Grafiken, z. B. Diagramme, auswertest,** ist es oft hilfreich, sie (teilweise) in einen Fließtext zu überführen. Dazu kannst du auch an eine Grafik **W-Fragen stellen:**

- ☐ **Wie** werden die Informationen dargestellt? → Um was für ein Diagramm handelt es sich?
- ☐ **Was** wird dargestellt? → Wozu macht das Diagramm eine Aussage? Welche Sachverhalte werden miteinander in Verbindung gesetzt?
- ☐ **Wann? Wo? Wer?** → Für welche Zeit, welchen Bereich, welche Personen(gruppen) gilt das Diagramm?

5 *Erkläre die folgenden Fachbegriffe aus den Materialien M1, M2 und M3.*

Fachbegriff	Erklärung in eigenen Worten
1. Size zero	
2. Fashion Week	
3. Coke zero	
4. Anorexia	
5. Fitness	
6. Castingshow	
7. Idol	
8. Body-Mass-Index	
9. adipös	

TIPP

In Sachtexten werden oft **Fachbegriffe** verwendet, z. B. um Sachverhalte präzise zu beschreiben. Um diese Begriffe klären zu können, solltest du zum einen den Textzusammenhang, in dem sie verwendet werden, genau ansehen oder auch ein Wörterbuch verwenden.

C Einen Schreibplan erstellen

1 *Formuliere zunächst die **Einleitung**, in der du das jeweilige Thema der Materialien, den Titel, die Textsorte sowie deren Autoren bzw. die Quellen angibst. Setze die Einleitung entsprechend fort.*

> Die Frage, ob Schönheit heute vor allem bedeutet, dem mageren Schönheitsideal entsprechen zu müssen, wird in den Medien besonders nach dem Tod einiger Models diskutiert. Wichtige Aspekte zu diesem Thema kann man den beiden Texten sowie der Grafik entnehmen. Der erste Text, ein Lexikonartikel (M1) zum Stichwort ...

2 *Im Hauptteil deiner Klassenarbeit fasst du die wesentlichen Informationen der Materialien M1–M3 zusammen und vergleichst ihre Aussagen. Du kannst dazu folgende Satzbausteine und den Wortspeicher verwenden.*

- Die zwei Texte liefern unterschiedliche Informationen zur Ausgangsfrage. Während M1 besonders ...
- Übereinstimmend wird im Zeitungsartikel (M2) deutlich, dass ...
- Das Diagramm hingegen ...
- Die statistischen Daten belegen zwar ...

Wortspeicher

widersprechen
entsprechen
aussagen
veranschaulichen
abweichen
übereinstimmen

____

____

3 *Notiere für deine* ***Stellungnahme*** *die drei Argumente, die dir am wichtigsten sind. Nenne das wichtigste Argument zuletzt. Ergänze je ein anschauliches Beispiel aus deiner Umgebung oder den Materialien.*

Ich meine, dass ______________________________

____

überzeugendes Argument (+ Beispiel): ______________________________

____

überzeugenderes Argument (+ Beispiel): ______________________________

____

überzeugendstes Argument (+ Beispiel): ______________________________

____

4 *Beende deine Stellungnahme mit einem Ausblick, einem Wunsch oder einer Warnung. Lies den folgenden Ausblick und formuliere Warnung und Wunsch zu Ende.*

TIPP

Im Schlussteil sollst du **persönlich Stellung nehmen** und sagen, inwiefern du die Ansicht des Autors teilst, ob du z. B. seine Gedanken gerechtfertigt findest oder in welchem Punkt du ihm widersprechen möchtest. Du kannst dabei auch auf die Sprache des Textes eingehen.

Zu guter Letzt wage ich einen Blick in die Zukunft und behaupte, dass es noch mehr Magersüchtige geben wird, wenn das Schönheitsideal sich weiter auf extrem schlanke Körper beschränkt – und alles spricht derzeit dafür.

Zuletzt will ich insbesondere die Mädchen, aber auch die Jungen eindringlich warnen: Neben den gesundheitlichen Folgen ...

____

____

____

Abschließend hoffe ich, dass ...

____

____

____

____

D Übungen

1 *Kreuze an, welche der Aussagen auf ein oder auf mehrere Materialien zutreffen, um Übereinstimmungen oder Unterschiede in den Textaussagen feststellen zu können.*

Aussage	M1	M2	M3
a) Einige Mädchen und Jungen und vor allem Models erkranken an Essstörungen, da sie „schlank" mit „schön" gleichsetzen.	☐	☐	☐
b) Modeindustrie, Werbebranche und Medien üben ein Schlankheitsdiktat auf die Models und alle anderen Kunden aus.	☐	☐	☐
c) Dieser Schlankheitswahn bedeutet eine extreme gesundheitliche Gefährdung, von Mangelerscheinungen bis hin zum Tod.	☐	☐	☐
d) Der Body-Mass-Index (BMI) gibt Auskunft darüber, ob das eigene Körpergewicht über, in oder unter dem Normalbereich liegt.	☐	☐	☐
e) Der größte Teil der Kinder und Jugendlichen ist normalgewichtig.	☐	☐	☐
f) Es gibt zwar insgesamt mehr übergewichtige Kinder und Jugendliche als untergewichtige, in der Pubertät ist die Anfälligkeit für Magersucht jedoch besonders hoch.	☐	☐	☐
g) Die Kleidergröße null ist für ein Mädchen in der Pubertät auf natürlichem Wege nicht zu erreichen. Der Preis ist oft die Gesundheit.	☐	☐	☐

2 *Formuliere mit Hilfe der folgenden Begriffe Aussagen zum Thema „Schön sein = mager sein?". Gehe folgendermaßen vor:*
a) Wähle pro Aussage mindestens zwei Begriffe aus und markiere sie mit derselben Farbe. Ergänze eigene Begriffe.
b) Formuliere sechs Satzgefüge aus Haupt- und Nebensatz. Verbinde sie durch möglichst verschiedene Konjunktionen, z. B. ***weil, da, obwohl, wenn, solange, sodass.*** *Schreibe ins Heft.*

Idole Pubertät Jugendliche Essstörung BMI Topmodels Minderheit Jungen Size zero
Medien Figur Gesundheit Mehrheit Modebranche Tod Übertreibung Eltern
Fitness Körper Druck Schönheitsideal Fashion Week Normalgewicht Schlankheitswahn

Magere Idole aus den Medien sind vermutlich eine Ursache des Schlankheitswahns, da sich Jugendliche an ihnen orientieren. (...)

E Den eigenen Text überarbeiten

1 *Prüfe mit Hilfe der Checkliste, an welchen Stellen du deinen Text überarbeiten solltest.*

☑ Checkliste „Stellungnahme zu Sachtexten"

ja	nein	
☐	☐	Hast du jeweils die wesentlichen Informationen der drei Materialien dargestellt?
☐	☐	Werden Gemeinsamkeiten und Unterschiede zwischen den Materialien deutlich?
☐	☐	Hast du die Ausgangsfrage eindeutig und nachvollziehbar beantwortet?
☐	☐	Beinhaltet die Stellungnahme drei Argumente mit anschaulichen Beispielen?
☐	☐	Hast du in der Stellungnahme auch eigene Erfahrungen eingebracht?
☐	☐	Endet dein Text mit einem Ausblick, einer Warnung oder einem Wunsch?
☐	☐	Verknüpfst du Argument und Beispiel durch verschiedene Konjunktionen?
☐	☐	Hast du Rechtschreibung und Zeichensetzung auf Richtigkeit überprüft?

9 Kopfball – Erschütternde Wissenschaft – Aktiv und Passiv

Aufgabenstellung

Hier siehst du ein Arbeitsblatt mit einer Klassenarbeit. Unter dem Text stehen die Aufgaben. Lies sie genau durch, fange aber noch nicht damit an, sondern bearbeite zuerst die Aufgaben auf den folgenden Seiten.

Eckart von Hirschhausen

Kopfball – Erschütternde Wissenschaft

Das Wichtigste beim Streichholz ist der Kopf. Und beim Fußballer? Hirnforscher schlagen Alarm: Mit jedem Zusammenprall von Lederkugel und Hirnlappen gehen Nervenzellen hops. Kopfbälle führen zur Hirnerschütterung, und die führt zu Gedächtnisverlust. Auch wenn die Deutschen behaupten, Schläge auf den Hinterkopf würden das Denkvermögen erhöhen, ist das Gegenteil richtig. Ein Ball wiegt zwar nur 500 Gramm, aber wenn der mit über 100 Stundenkilometern den Kopf trifft, wirkt er wie 500 Kilo. Wer köpfen will, sollte es also gut können, um die enormen Kräfte zu kontrollieren. Wird der Kopf mit Muskelspannung fixiert, nimmt quasi der gesamte Körper den Impuls auf – andernfalls werden die fünf Kilo Kopf von den über 500 Kilo einfach weggerissen. Noch schlimmer als ein Ball sind natürlich andere Köpfe oder Pfosten, da sie noch weniger nachgeben als Leder.

Solange die Gehirnerschütterung nicht ausgeheilt ist (ca. 5–7 Tage), reagiert das Gehirn extrem empfindlich auf erneute Erschütterungen. Kurioserweise sind beim vermeintlich brutaleren Boxen die Schutzbestimmungen viel schärfer als beim Fußball. Ein Boxkampf wird beendet, wenn einer der Boxer offensichtlich unter

starker Bewusstseinsbeeinträchtigung leidet. Der Getroffene selbst wird für vier Wochen gesperrt. Wo aber genau die Grenze liegt, ab der es gefährlich wird, dafür hält kein Experte seinen Kopf hin. Aber eines ist klar: Der langfristige „Verdummungseffekt" unserer Kicker kann weitgehend vermieden werden, wenn Gehirnerschütterungen erkannt und ausgeheilt werden. Als Warnsymptome gelten: Der Spieler wirkt benommen, ist sich unsicher über den Spielstand, weiß nicht, gegen welche Mannschaft er gerade spielt, und antwortet langsam.

1 Der Kabarettist, Arzt, Humortrainer und Autor Eckart von Hirschhausen betrachtet das Thema „Kopfball" mit ironisch-distanziertem Blick. Woran erkennst du, dass seine Kopfball-Wissenschaft nicht wortwörtlich zu nehmen ist?

2 Lies den Text ein zweites Mal und achte auf die Prädikate der einzelnen Sätze. Markiere die Verbformen im Aktiv grün, die Verbformen im Passiv blau.

3 Bestimme das Tempus der Passivsätze oder -teilsätze.

4 a) Forme vom Aktiv ins Passiv um. Überlege bei jedem von dir in Aufgabe 2 unterstrichenen Aktivsatz, ob du ihn ins Passiv setzen kannst. Schreibe die möglichen Passivsätze in dein Heft.
b) Begründe schriftlich, warum sich nicht jeder Aktivsatz in die Passivform setzen lässt.

5 Erkläre schriftlich in deinem Heft, worin sich die folgenden beiden Sätze in der Form unterscheiden. Verwende dabei die Termini „Tempus", „Aktiv" und „Passiv".

Der Getroffene selbst wird für vier Wochen gesperrt.
Der Schiedsrichter wird den Getroffenen für vier Wochen sperren.

A Was wird von mir verlangt?

1 *Was wird bei dieser Klassenarbeit von dir verlangt? Kreuze die richtigen Antworten an.*

a) ☐ Ich muss wissen, woran ich einen Aktivsatz und Passivsatz erkennen kann.

b) ☐ Ich muss Dativobjekte bestimmen.

c) ☐ Ich muss die Tempora der Verben im Passiv bestimmen.

d) ☐ Ich muss den Kopfeinsatz beim Boxen und beim Fußball vergleichen.

e) ☐ Ich muss einen Aktivsatz ins Passiv umwandeln können.

f) ☐ Ich muss wissen, worin sich transitive und intransitive Verben unterscheiden.

B Vorwissen aktivieren

1 *Fülle die Lücken im folgenden Text mit den Begriffen aus dem Wortspeicher.*

Handlungen und Vorgänge können in den Verbformen Aktiv oder ______________________________

dargestellt werden.

Im Aktiv ist der Blick auf die ______________________________ gerichtet: *Der Torwart hält den Ball.*

Im Passiv dagegen drückt man aus, dass mit einem Wesen oder einer Sache __________

______________________________: *Der Ball wird gehalten.*

Nur mit Verben, die im Aktiv ein ______________________________ bei

sich haben können, kann man das Passiv bilden. Das Akkusativobjekt wird dann zum

______________________________ des Passivsatzes. Diese Verben heißen

transitive Verben.

Wortspeicher

Passiv
Handelnden
etwas geschieht
Akkusativobjekt
Subjekt

C Einen Schreibplan erstellen

1 *Kreuze an, welche Vorgehensweisen bei einer Klassenarbeit mit Einzelfragen sinvoll sind.*

a) ☐ Beantworte die Fragen unbedingt in der vorgegebenen Reihenfolge.

b) ☐ Lies erst alle Fragen durch, bevor du anfängst.

c) ☐ Fange sofort mit der ersten Aufgabe an und schreibe gleich los.

d) ☐ Überlege, bei welchen Fragen du wohl viele Punkte erhältst, und überschlage, wie viel Zeit du für welche Aufgabe brauchst.

e) ☐ Wenn du eine Frage nicht gleich beantworten kannst, überspringe sie zunächst und gehe zur nächsten.

f) ☐ Lass am besten gleich zwei Fragen weg – alles schafft man sowieso nicht.

g) ☐ Hake die beantworteten Fragen auf dem Aufgabenblatt ab.

D Übungen

1 *a) Unterstreiche in den Sätzen A–D alle Verben, die im Aktiv stehen grün, und alle Passivformen blau.*
b) Schreibe an den Rand, wer der Handlungsträger H ist oder welcher Vorgang V im Vordergrund steht.

A	Das Fußballspiel wird pünktlich angepfiffen.	V	Anpfiff des Spiels
B	Der Ball wurde für Sekunden mit der Hand berührt.	______	______________
C	Bei bestimmten Regelverstößen verhängt der Schiedsrichter einen Freistoß.	______	______________
D	Die Mannschaft mit dem roten Trikot hatte den Freistoß optimal genutzt und ein Tor geschossen.	______	______________

2 *Jede Tempusform im Aktivsatz hat eine Entsprechung im Passivsatz.*
a) Unterstreiche in den folgenden Sätzen das Prädikat.
b) Ordne die Passivsätze dem richtigen Tempus zu.

TIPP
Das Passiv wird mit einer Personalform von „werden" und dem Partizip Perfekt des Vollverbs gebildet, z. B.: *treffen → wird getroffen.*

- Der FC Kick wird vor allem wegen seines hervorragenden Torhüters als Meisterschaftsanwärter gehandelt.
- In dieser Saison sind von dem neuen Stürmer des FC Kick bereits acht Tore geschossen worden.
- Das Kopfballtraining wird von den Stürmern auch in Zukunft hart geübt werden.
- Der Torwart war vom Ball am Kopf getroffen worden.
- Das begeisterte Publikum wurde von dem schnellen Passspiel des Sturms in Bann gezogen.

- Futur I
- Präteritum
- Perfekt
- Plusquamperfekt
- Präsens

3 *Die folgenden Sätze stehen im Aktiv. Wandle sie ins Passiv um. Orientiere dich dabei am Satzmuster im Tipp.*

TIPP
Um einen Aktivsatz ins Passiv umzuwandeln, musst du zunächst das Akkusativobjekt des Aktivsatzes (Frage: Wen oder was?) bestimmen. Dieses wird zum Subjekt (Frage: Wer oder was?) des Passivsatzes, z. B.: Die Fans *feiern* ***das Tor.***

Das Tor *wird von* den Fans *gefeiert.*

Seit einigen Jahren spielen immer mehr Mädchen und Frauen Fußball.

____

____

____

____

Die deutsche Frauenfußballnationalmannschaft spielt den besten Frauenfußball in Europa.

____

____

____

4 *Entscheide bei den rot gedruckten Verben, ob es sich dabei um transitive oder intransitive Verben handelt. Durch Umwandlung ins Passiv kannst du es herausfinden.*

1. Der Schiedsrichter wacht über die Einhaltung der Fußballregeln.
2. Bei jedem Spiel ahndet er Fouls und Regelwidrigkeiten.
3. Schon vor Spielbeginn prüft er Tore, Tornetze und Bälle.
4. Bei einem Verstoß zeigt der Schiedsrichter dem Spieler die rote Karte.
5. Der vom Platz verwiesene Spieler wirkt benommen.
6. Ein faires Spiel gefällt dem Publikum.

TIPP

Verben, die kein Akkusativobjekt an sich binden können, heißen **intransitive Verben:** *Der Schiedsrichter dankt dem fairen Publikum.*

5 *Das Präsens Passiv vom Futur unterscheiden.*
a) Schreibe hinter die unten stehenden Sätze das Verb im Infinitiv.
b) Setze beide Sätze zunächst ins Präsens Passiv und dann ins Futur I Aktiv.
c) Unterstreiche anschließend die Prädikate.

Der Trainer lobt den Stürmer für seinen Einsatz. **Infinitiv:** ____________________

Präsens Passiv: ____________________

____

Futur I Aktiv: ____________________

____

Die Fans feiern johlend den gelungenen Elfmeter. **Infinitiv:** ____________________

Präsens Passiv: ____________________

____

____

Futur I Aktiv: ____________________

____

____

TIPP

Das **Präsens Passiv** und das **Futur I Aktiv** werden oft verwechselt, weil in beiden Formen das Hilfsverb „werden" vorkommt. Merkt euch den folgenden Unterschied:

- ☐ Das Präsens Passiv wird mit einer Form von „werden" und dem Partizip Perfekt gebildet, z. B.: *Der Ball wird vom Torwart gehalten.*
- ☐ Das Futur I wird mit „werden" und dem Infinitiv gebildet, z. B.: *„Der Torwart wird den Ball halten."*

6 *Bearbeite nun die Klassenarbeit von Seite 48.*

E Checkliste

1 *Prüfe anhand der folgenden Checkliste deine Arbeitsergebnisse. Korrigiere, wenn nötig.*

☑ **Checkliste**

ja	nein	Habe ich ...
☐	☐	... alle Prädikate im Text erkannt und zwischen Aktiv- und Passivformen unterschieden?
☐	☐	... das Tempus der Verben im Passiv bestimmt?
☐	☐	... das Akkusativobjekt in den Aktivsätzen als Subjekt im Passivsatz eingesetzt?
☐	☐	... transitive Verben von intransitiven Verben unterschieden?
☐	☐	... den Unterschied zwischen Aktiv Futur I und Präsens Passiv erklärt?

10 Das Pangolin – Adverbialsätze

Aufgabenstellung

Hier siehst du ein Arbeitsblatt einer Klassenarbeit. Unter dem Text stehen die Aufgaben. Lies sie genau durch, fange aber noch nicht damit an, sondern bearbeite zunächst die Aufgaben auf den folgenden Seiten.

Hilde Binger

Festung auf vier Füßen

(1) Das Pangolin verlässt sein Erdloch nur in der Nacht weil es ein Einzelgänger ist. (2) Wie Dachziegel panzern hornige Schuppen seinen Körper von der Nasen- bis zur Schwanzspitze. (3) Obwohl es keine Zähne hat sollte man dem Pangolin nicht zu dicht an die Schuppen rücken. (4) Falls man das doch tut teilt es mit seinem langen, kräftigen Schwanz gern mal einen Seitenhieb aus. (5) Wenn das nicht hilft dann greift das Pangolin zu seiner wirkungsvollsten Waffe indem es aus seinen Drüsen einen fauligen Geruch düsen lässt. (6) Diese Drüsen sitzen am Hinterteil des Tieres und enthalten ein stinkendes Sekret sodass jeder Angreifer auf der Stelle verduftet. (7) Selbst Artgenossen suchen in den Wäldern und Savannen Südostasiens das Weite sobald ihr feines Näschen die Markierungen erschnüffelt. (8) Und wenn sich doch mal ein gefräßiges Geschöpf darüber hinwegsetzt macht sich das Schuppentier einfach selbst zur Schnecke. (9) Mit Hilfe von Muskelbändern an beiden Seiten seiner Wirbelsäule zurrt es sich so fest zusammen dass man seinen eingerollten Körper auch mit Gewalt nicht auseinanderbiegen kann. (10) Erst nachdem die Gefahr vorüber ist gibt es die kugelige Position wieder auf. (11) Wenn das Schuppentier dann seinen Heimweg zu seinem Versteck antritt scheint es so kontaktscheu dass es nicht einmal den Boden berühren mag: (12) Damit es seine Krallen schützt läuft es auf den äußeren Kanten seiner Vorderfüße und schaukelt hin und her. (13) Aber mal ehrlich: Zu diesem Tier würde ein „normales" Auftreten ohnehin nicht passen.

1 Das Pangolin ist ein seltenes und wenig bekanntes Tier. Beschreibe es in drei bis vier Sätzen, nachdem du den Text gelesen hast.

2 a) Unterstreiche im Text in den Satzgefügen die Hauptsätze grün, die Nebensätze blau.
  b) Setze anschließend alle fehlenden Kommas mit Rot.

3 Bestimme in den Sätzen 3, 5, 7 und 12 die Art des Adverbialsatzes. Notiere auch die entsprechenden Frageproben.

4 Adverbialsätze machen einen Text oft anschaulicher. Ergänze folgende Hauptsätze jeweils mit einem passenden Adverbialsatz und bestimme diesen.

Das Pangolin sieht lustig aus.
Der Gang des Pangolins ist schaukelnd.

Lösungen

Kleines Lese- und Kombinationstraining

Seite 4 **1** In dieser Reihenfolge müssen die Ziffern in den Kästchen stehen: 4, 6, 1, 3, 5, 2

Seite 4 **2** **Verspätete Flaschenpost**
Nach elf Jahren hat eine Niederländerin Antwort auf eine Flaschenpost erhalten, die sie als Mädchen in einen Wassergraben in der Stadt Kampen geworfen hatte. Die Flasche wurde irgendwann von einer Studentin an der französischen Atlantikküste gefunden. Wahrscheinlich trieb der Golfstrom die Flasche von der Nordsee bis vor die Küste von Kanada. Der Labradorstrom schickte sie ein zweites Mal über den Atlantik in den Golf von Biscaya.

Falscher Flugalarm
Zwei spielende Kinder hielten das Personal im Flughafen von Rotterdam auf Trab. Auf dem Radarschirm des Kontrollturms tauchten immer wieder zwei kleine Flugzeuge auf, die in sehr geringem Abstand aneinander vorbeiflogen. Die Polizei stellte dann fest, dass es sich um zwei Modellflugzeuge handelte, die von zwei kleinen Jungen gesteuert wurden.

Seite 5 **3** Dieses sind die richtigen Wörter aus den Klammern: kühl, Hauch, Zimmern, die Schnauze, hinunter, verstummt, Unwetter, Grollen, Erde, hören, Donner, herauf, Boden, erzittern, Flaschen, Marmorstatue, Treppe, Erde, leise, laut, rufen.

Seite 6 **4** Diese Wörter kannst du in die Lücken einsetzen: Tatort, Fußabdruck, Fenster, Spuren, Regen, ausprobieren, Leisten, bestreichst, lösen, Spuren, Gips, Rahmen, Gips, Rahmen.

Seite 7 **5** Folgende Wörter musst du austauschen:
Z. 1 f.: waagerecht durch **senkrecht**
Z. 6: Untersetzer durch **Docht**
Z. 7: roten durch **weißen**
Z. 8: weiße durch **rote**

Vermischtes aus dem Mittelalter – Umgang mit Sachtexten

Seite 8 **1** Unterthema 1: Kleidung/Mode
Unterthema 2: Musik
Unterthema 3: Erzähler und Schauspieler
Unterthema 4: Spiele

Seite 9 **2** Beispiele:
1. Abschnitt:
Was konnte man im Mittelalter an der Kleidung erkennen? (Z. 1/2)
Worin unterscheidet sich der Leibrock der Frauen von dem der Männer? (Z. 6/7)
Welche Schuhe trugen die Adeligen auf Festen? (Z. 16/17)

2. Abschnitt:
Wo hörten die Menschen im Mittelalter hauptsächlich Musik? (Z. 21)
Wer trug die lateinischen Choräle vor? (Z. 23/24)
Womit halfen sich die Sänger vor der Entstehung unseres heutigen Notensystems? (Z. 24)

3. Abschnitt:
Warum waren die Menschen im Mittelalter auf mündliche Erzähler angewiesen? (Z. 27/28)
Wovon handelten die Märchen? (Z. 30/31)
Was sind „Mysterienspiele“? (Z. 33/34)

4. Abschnitt:
Ab welchem Alter wurden die Kinder regelmäßig im Haushalt eingespannt? (Z. 35)
Welche Spiele erfreuten sich bei den Erwachsenen besonderer Beliebtheit? (Z. 38–40)
Woraus bestand der „Ball“ bei den Vorformen von Hockey und Fußball? (Z. 44/45)

Seite 10 1

Abschnitt	Zeilen	Überschrift
1	1–9	Medizin
2	10–20	Krankheiten
3	20–27	Hygiene

Seite 11 1

Abschnitt	Überschrift
C	Konzentration auf Landleben im Frühmittelalter
B	Die ersten Siedlungen und Städte
A	Wachstum der Städte

Seite 12 1

Kathedralen

Viele der Kirchen, die heute noch das Bild unserer Städte prägen, verdanken wir den Baumeistern des Mittelalters. Zunächst waren die Kirchbauten wuchtig, mit massiven Mauern und kleinen Fenstern. Runde Bögen überspannten Fenster und Pfeiler und erinnerten an römisch-antike Bauwerke. Romanik heißt daher der Stil, der bis zum Beginn des 12. Jahrhunderts vorherrschte. Die romanischen Kirchen boten der Gemeinde nicht nur Platz für den Gottesdienst, bei Gefahr fanden die Menschen auch Schutz hinter ihren dicken Mauern. Romanische Kirchen mit ihren dicken Mauern erinnern deshalb nicht zufällig an Burgen. Gleichzeitig sollte die Kirche aber auch eine Brücke zwischen Diesseits und Jenseits bilden. Sie sollte den Gläubigen einen Vorgeschmack auf das Paradies geben. Daher setzten die Baumeister all ihr Können ein, um die Bauwerke noch höher und majestätischer zu gestalten. So entstanden im 12. Jahrhundert die ersten gotischen Kathedralen (von dem Wort „cathedra“, das heißt Bischofssitz).
Von Frankreich ausgehend setzte sich der neue Baustil vor allem in England und Spanien durch. Die Rundbögen der Romanik wurden durch Spitzbögen ersetzt. Weil die Last der hohen Gewölbe auf die Eckpfeiler übertragen wurde, gestützt von Pfeilern außerhalb der Mauern, waren weniger Stützwände nötig. Nun konnten die Mauern mit hohen Fenstern durchbrochen werden. Wenn durch das Glas helles Licht einfiel, dann entstand der Eindruck einer „lichtdurchfluteten Himmelsstadt“. Bald wetteiferten Fürsten und Städte um die schönste Kirche. Wer mit Geld, Material oder Arbeit zu ihrem Bau beitrug, der war sich sicher, dass Gott ihn dafür belohnen würde. So war für die Stadtbewohner der Bau eines neuen Gotteshauses eine Herzensangelegenheit.
Der Name „Gotik“, in Italien geprägt, war zunächst abschätzig gemeint: Dort wurde der neue Stil als eine Abkehr von den edlen Gesetzen der römisch-griechischen Baukunst empfunden. „Gotisch“ hieß so viel wie „barbarisch“. Heute hat der Begriff Gotik jeden negativen Beigeschmack verloren.

Foto 1: romanisch, Foto 2: gotisch, Foto 3: gotisch, Foto 4: romanisch

Seite 13 **2** **Spickzettel „Romanik"**

- wuchtige Kirchenbauten mit dicken Mauern und kleinen Fenstern
- runde Bögen überspannen Fenster und Pfeiler
- Kirchenbauten erinnern an Burgen
- Menschen suchten Schutz hinter den dicken Mauern

Spickzettel „Gotik"

- Rundbögen werden durch Spitzbögen ersetzt
- hohe Gewölbe
- weniger Stützmauern
- hohe Fenster, durch deren Glas helles Licht einfällt

Seite 14 **1**

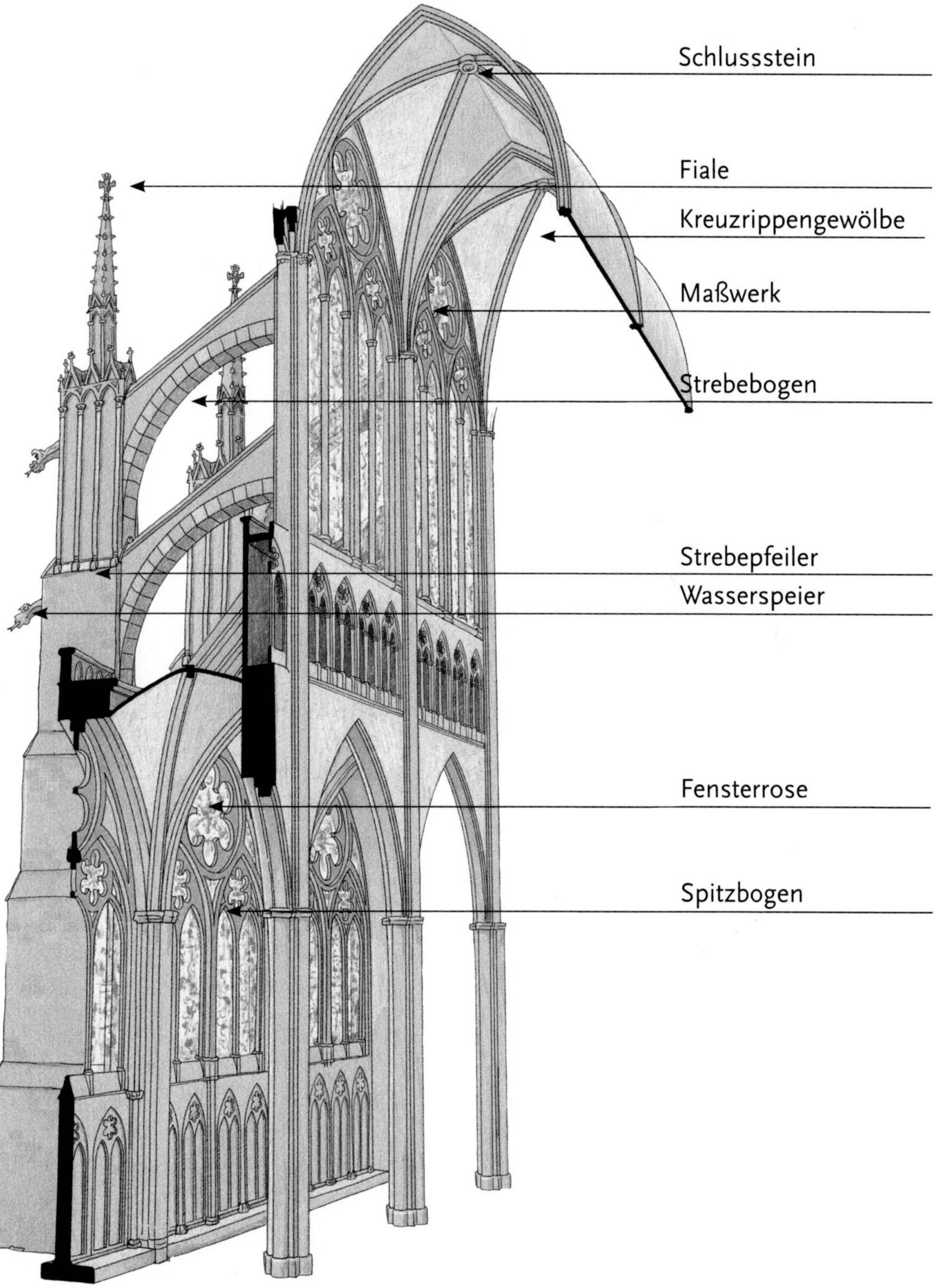

Beschreiben

Personen beschreiben

Seite 16 **1** So lauten die Tipps für eine Personenbeschreibung:

1) + d) Bei einer Personenbeschreibung solltest du nach einer bestimmten Reihenfolge vorgehen.
2) + g) Du kannst z. B. erst den Gesamteindruck und dann die Einzelheiten beschreiben.
3) + f) Dabei kannst du z. B. das geschätzte Alter, das Geschlecht, die Haare, das Gesicht sowie Kleidung und Schmuck berücksichtigen.
4) + b) Auch besonders auffällige Merkmale wie z. B. ein Tattoo, ein Piercing oder eine Narbe solltest du erwähnen.
5) + h) Man muss sich den beschriebenen Menschen genau vorstellen können, auch wenn man ihn nicht vor sich sieht.
6) + e) Häufig sollen Beschreibungen sachlich sein, man darf also dann keine eigene Meinung äußern.
7) + a) Man kann aber auch eine Person anschaulich beschreiben, indem man auf ihre Eigenschaften und typischen Verhaltensweisen eingeht.
8) + c) Beschreibungen stehen meistens im Präsens.

Seite 16 **2** Die einzelnen Abschnitte der Beschreibungen sollten sinnvollerweise in dieser Reihenfolge angeordnet werden:

Hagrid, Rubeus:
Ein riesenhafter Mann ...
Er ist „fast zweimal so groß ..."
Seine langen, schwarzen Haare ...
Hagrid ist sehr impulsiv ...
Der Vorname Rubeus ...

Malfoy, Draco:
Sohn von Lucius und Narcissa Malfoy ...
Gleich alt wie Harry Potter ...
Der blasse Junge ...
Er ist ein arroganter Widerling ...
Der Vorname Draco ...

Die Artikel haben folgenden Aufbau: einleitende, allgemeine Angaben (z. B. Herkunft, Alter), Aussehen (Gesamteindruck, Einzelheiten), Charaktereigenschaften und typische Verhaltensweisen, Bedeutung des Namens.

Seite 17 **3** Die einzelnen Informationen können zuerst in einer Tabelle angeordnet werden, die dann etwa so aussehen würde:

Thema	Oberbegriffe	Unterbegriffe
Harry Potter	Geburt	– 31.7.1980
	Eltern/Familie	– Sohn von Lili und James Potter (1981 gestorben) – aufgewachsen bei Familie Dursley
	Aussehen	– blitzförmige Narbe auf der Stirn – schmales Gesicht – knubbelige Knie – schwarzes Haar – hellgrüne Augen – Brille mit runden Gläsern
	Schule	– Zaubererschule Hogwarts – Haus Gryffindor
	Freunde	– Ron Weasley – Hermine Granger
	Abenteuer/Taten	– erfolgreicher Quidditch-Spieler – Vertreiben des Drachens Norbert – Begegnung mit Zentauren im Verbotenen Wald – Auseinandersetzung mit Geistern, Trollen und dem dreiköpfigen Hund Fluffy – Erringen des Steins der Weisen – Sieg über Lord Voldemort – Gewinnen des Hauspokals für Gryffindor

Anschließend lassen sich diese Informationen auch als Mindmap anschaulich anordnen.

Seite 18 **4** So könnte der verbesserte Text von Laras Beschreibung ihres Opas aussehen:

Mein Opa heißt Franz Branntwein und ist am 30.10.1940 in Soest geboren worden. Nachdem er in der Nachkriegszeit eine Tischlerlehre gemacht hatte, wurde er Meister. Später gründete er einen großen Betrieb, der Gegenstände aus Holz herstellt. Damit war er so erfolgreich, dass er heute sehr wohlhabend ist und in einem großen Haus wohnt. Es ist das einzige Holzhaus in seinem ganzen Wohnviertel.
Mein Opa ist ein etwa 1,85 m großer, dünner, aber auch kräftiger Mann. Er hat eine Glatze und weiße, buschige Augenbrauen in seinem faltigen Gesicht. Seine Hände sind hart und rau, wobei auffällt, dass an der rechten Hand der Ringfinger fehlt. Deshalb trägt er seinen Ehering an der linken Hand.
Opa Franz ist ein freundlicher, gutmütiger und auch geduldiger Mensch, der oft Geschenke verteilt und nur selten wütend wird. Als Hobby hört er gerne Volksmusik aus dem Schwarzwald.

Seite 19 **5** Wenn man aus dieser Täterbeschreibung alle überflüssigen Sätze und Wortgruppen herausstreicht, die keine für den Polizisten wichtigen Informationen enthalten, dann bleibt folgender Text:

[...] Es war ein großer, kräftiger Mann. Er hatte eine Jeans an und eine schwarze Lederjacke. Unter der Jacke hat er ein T-Shirt von irgendeiner Rockgruppe getragen. [...] Der Mann hatte lange, schwarze Haare [...]. Ein Tattoo oder Piercing konnte ich nicht sehen [...]. An der Hand hat er ein paar Ringe getragen [...], so breite, silberne Dinger. Mit der linken Hand hat er mir mein Portemonnaie weggerissen [...].

Seite 19 **6** Diese wichtigen Fragen (und noch einige andere) lassen sich mithilfe des Zeitungstextes beantworten:

1. Welches Verbrechen wurde verübt?
2. Wann wurde die Tat ausgeführt?
3. Wo fand das Verbrechen statt?
4. Wie alt ist der Täter?
5. Wie groß ist der Täter?
6. Aus welchem Land stammt der Täter?
7. Handelt es sich um einen Mann oder eine Frau?
8. Womit war der Täter bekleidet?
9. Welche Haarfarbe und welche Frisur hatte der Täter?
10. Trug der Täter irgendwelchen Schmuck?
11. Hatte der Täter irgendwelche auffälligen Merkmale?
12. Ist der Täter der Polizei schon einmal aufgefallen?

Seite 19 **7** Die Tabelle mit der Wörtersammlung für die Körperteile einer Person könnte etwa so aussehen:

Körperteil	**Bezeichnungen**
Körperbau/ Gestalt	kräftig, muskulös, athletisch, dick, fett, breit, schlank, dünn, schmächtig, hager, schmal ...
Größe	riesig, hünenhaft, groß, mittelgroß, klein, untersetzt, winzig ...
Füße	riesig, groß, klein, winzig, schmal, schlank, Plattfüße ...
Beine	lang, kurz, dick, dünn, muskulös, knochig ...
Arme	lang, kurz, kräftig, muskulös, dünn ...
Hände	klein, groß, fleischig, schmal, zart, sehnig ...
Haare	lang, mittellang, schulterlang, kurz, stoppelig, stachelig, kahl rasiert, lockig, wellig, strähnig, struppig, glatt, gekämmt, ungepflegt, natürlich, gefärbt, blond, dunkelblond, hellblond, strohblond, blondiert, brünett, dunkel, schwarz, grau, weiß, rot, rötlich ...
Gesichtsform	breit, rund, oval, schmal, hager, eingefallen ...
Stirn	hoch, flach, glatt, faltig ...
Augen	klein, groß, tiefliegend, hervortretend, eng beieinanderstehend, blau, grau, grün, klar, verquollen ...
Nase	lang, kurz, breit, schmal, knubbelig, Hakennase ...
Mund	breit, schmal, verkniffen, lächelnd ...
Zähne	gerade, schief, vollständig, lückenhaft, strahlend, weiß, gelblich, verfärbt, gepflegt, ungepflegt ...
Ohren	klein, groß, fleischig, angewachsen, abstehend, Segelohren ...

Ein Bild beschreiben

Seite 20 **1** Auf folgende Einzelheiten solltest du hinweisen:
- die Frauen auf der Bank mit ihren unterschiedlichen Kleidern
- das angedeutete Blumenbeet mit Rasenfläche, vor dem die Frauen sitzen
- die Person, die seitlich von der Bank neben dem Blumenbeet steht
- die Bäume und Büsche, wenn du mit dem Rücken zur Bank stehst

– der Durchgang zum Meer
– die beiden Männer, die gebeugt zwei Fische mithilfe einer Stange tragen

Seite 21 **2** Der Betrachter scheint in geringem Abstand vor der Personengruppe zu stehen und schaut aus dieser Perspektive auf das Geschehen.

Seite 21 **3** Im Mittelpunkt des Gemäldes sind fünf exotisch gekleidete Frauen zu sehen, die auf einem Marktplatz auf einer Bank sitzen. Dem Titel des Bildes, den Angaben zur Biografie des Malers und der dargestellten Natur ist zu entnehmen, dass sich der Marktplatz auf einer Südseeinsel befindet.

Seite 21 **4** Das Ölgemälde „Ta Matete" (Der Markt) wurde im Jahre 1892 von dem französischen Künstler Paul Gauguin gemalt. Im Mittelpunkt sind fünf exotisch gekleidete Frauen zu sehen, die auf einem Marktplatz auf einer Bank sitzen. Dem Titel des Bildes, den Angaben zur Biografie des Malers und der dargestellten Natur ist zu entnehmen, dass sich der Marktplatz auf einer Südseeinsel befindet.
Der Betrachter scheint in geringem Abstand vor der Personengruppe zu stehen und schaut aus dieser Perspektive auf das Geschehen.

Seite 22 **5** a) Anordnung der Teile in der Bildfläche:
Bildmittelpunkt: fünf Frauen auf einer Bank, die auf einem sandigen Untergrund steht
unterer Bildrand: Rasenfläche mit angedeutetem Blumenbeet
rechter Bildrand: Person mit einem Rock
oberer Bildrand: Bäume, Buschwerk, Durchgang zum Meer, zwei Personen, die zwei Fische mithilfe einer Stange tragen

b) Anordnung der Teile in der Bildtiefe:
Vordergrund: Rasenfläche mit angedeutetem Blumenbeet, Person mit einem Rock
Mittelgrund: fünf Frauen auf einer Bank, die auf einem sandigen Untergrund steht
Hintergrund: Bäume, Buschwerk, Durchgang zum Meer, zwei Personen, die zwei Fische mithilfe einer Stange tragen

Seite 22 **6** **die fünf Frauen:** alle sitzen aufrecht auf der Bank; sie haben eine dunkle Hautfarbe und schwarze, lange Haare, zum Teil mit Blumen darin; sie tragen unterschiedlich farbige, lange Kleider, die an einigen Stellen gemustert sind; die Farben sind so angeordnet, dass sie vom hellen Gelb über leuchtendes Orange, Blau, dunkles Grün bis zum Schwarz von rechts nach links verlaufen; alle Frauen stützen sich mit einer Hand auf die Bank, die andere halten sie geziert nach oben vor den Körper; die beiden Frauen rechts auf der Bank wenden sich ihr Gesicht zu und scheinen sich zu unterhalten; die mittlere Frau scheint den Betrachter anzuschauen; die Frau neben ihr sieht auf den Boden; die Frau am linken Bildrand scheint etwas außerhalb des Bildes sich Befindendes zu betrachten; die drei Frauen links stehen miteinander nicht im Kontakt; Körperhaltung und Kleidung der Frauen lassen sie selbstbewusst und edel wirken.
die Bank: ohne Lehne, grün mit geschwungenen Eisenfüßen; sie wirft wie die Frauen einen Schatten, der blau gemalt ist.
der Untergrund, auf dem die Bank steht: hell gemalte Fläche, die wahrscheinlich einen Sandboden darstellen soll, der sich im Hintergrund bis zu einem Durchgang zum Meer erstreckt.
die Rasenfläche und die Blumenbeete am unteren Bildrand: grüne, geschwungene Rasenfläche, die an den sandigen Untergrund grenzt; angedeutete, orangefarbige Blumenbeete, die das Bild nach unten begrenzen.
die Person am rechten Bildrand: erstreckt sich fast über den ganzen Bildrand; nur etwa zur Hälfte zu sehen; aufgrund der Frisur (hohe Stirn, ansonsten lange, schwarze Haare) wahrscheinlich ein Mann; dunkle Hautfarbe; schaut wie die Frau links auf

etwas, das außerhalb des Bildes liegt; vollzieht mit der rechten Hand die gleiche Geste wie die Frauen; trägt roten Wickelrock mit gelben Mustern und ein weißes Hemd; sein rechter Fuß grenzt an die Rasenfläche.
die Bäume und das Buschwerk: vier Baumstämme, blau gemalt; dahinter dichtes Buschwerk, in Grün- und Brauntönen gehalten, ein schmaler Durchgang zum Meer ist zu erkennen.
die zwei Männer im Hintergrund: unauffällig im Hintergrund; dunkelhäutig wie die anderen Personen; tragen mithilfe einer Stange zwei schwere Fische; gehen gebeugt, tragen als Bekleidung blau-weiße Lendentücher, ansonsten sind sie unbekleidet; im Gegensatz zu den Frauen, die sehr vornehm erscheinen, müssen sie hart arbeiten.
das Meer und der Himmel: ein Weg durch das Buschwerk führt zum blauen Meer im Hintergrund; der Himmel ist gelb gemalt.

Seite 22 **7** Reihenfolge **b)** ist sinnvoll.

Seite 23 **8** Diese Aussagen beschreiben am treffendsten die Wirkung des Bildes und die Einstellung des Malers zur dargestellten Szene:
– Das Bild strahlt durch die verwendeten Farben und durch die Darstellung der Natur und der Menschen Ruhe und Heiterkeit aus.
– Das Gemälde zeigt vor allem durch die verwendeten Farben, wie fasziniert der Maler Paul Gauguin von den Menschen und der Natur auf der Südseeinsel war.

Seite 23 **9** Wenn du die Ergebnisse der einzelnen Arbeitsschritte zusammenfügst, wird es dir nicht schwerfallen, das Ölgemälde zu beschreiben.

Seite 23 **10** Wichtig ist, dass du nicht sofort losschreibst, sondern die einzelnen Schritte nachvollziehst, die du bei dem Gemälde „Ta Matete“ kennengelernt hast.

Ein Gedicht beschreiben

Seite 25 **1** In dem Gedicht „Wenn jeder eine Blume pflanzte“ von Peter Härtling aus dem Jahre 1981 nennt der Autor Voraussetzungen, die erfüllt werden müssen, damit unsere Welt menschenwürdig wird.

Seite 25 **2, 4** Peter Härtling (geb. 1933)
Wenn jeder eine Blume pflanzte

Wenn jeder eine Blume pflanzte,	a	X X́ X X́ X X́ X X́ X
jeder Mensch auf dieser Welt,	b	X́ X X́ X X́ X X́
und, anstatt zu schießen, tanzte	a	X́ X X́ X X́ X X́ X
und mit Lächeln zahlte statt mit Geld –	b	X́ X X́ X X́ X X́ X X́
wenn ein jeder einen andern wärmte,	c	X́ X X́ X X́ X X́ X X́ X
keiner mehr von seiner Stärke schwärmte,	c	X́ X X́ X X́ X X́ X X́ X
keiner mehr den andern schlüge,	d	X́ X X́ X X́ X X́ X
keiner sich verstrickte in der Lüge,	d	X́ X X́ X X́ X X́ X X́ X
wenn die Alten wie die Kinder würden,	e	X́ X X́ X X́ X X́ X X́ X
sie sich teilten in den Bürden,	e	X́ X X́ X X́ X X́ X
wenn dies WENN sich leben ließ,	f	X́ X X́ X X́ X X́
wär's noch lang kein Paradies –	f	X́ X X́ X X́ X X́
bloß die Menschenzeit hätt' angefangen,	g	X́ X X́ X X́ X X́ X X́ X
die in Streit und Krieg uns beinah ist vergangen.	g	X́ X X́ X X́ X X́ X X́ X X́ X

Vers 1 besitzt als Metrum einen **Jambus**.
Die restlichen Verse haben als Metrum einen **Trochäus**.

Seite 25 **3** Reimschemata in Peter Härtlings Gedicht:
Kreuzreim (abab) (Vers 1–4)
Paarreim (cc) (Vers 5–6, Vers 7–8, Vers 9–10, Vers 11–12, Vers 13–14)

Seite 26 **5** Abschnitt 1: Forderungen = Z. 1–11
Abschnitt 2: Folgen = Z. 12–14

Seite 26 **6**

geforderte Verhaltensweisen	abgelehnte Verhaltensweisen
– eine Blume pflanzen – tanzen – mit Lächeln zahlen – den anderen wärmen – die Alten sollen wie die Kinder werden – die Last teilen	– schießen – Geldgier – von der Stärke schwärmen – schlagen, Gewalt – lügen

Seite 26 **7** Folgende sprachliche Besonderheiten kannst du unterscheiden:

- **Satzgefüge:** Glied-/Nebensätze/Konditionalsätze in den Zeilen 1–11, Hauptsatz in Z. 12, weiteres Satzgefüge (Hauptsatz und Relativ-/Attributsatz) in den Zeilen 13–14
- **Wortwiederholungen:** „jeder“: Z. 1 u. 2; Konjunktion „wenn“: Z. 1, 5, 9, 11; „keiner“: Z. 6, 7 u. 8
- **Sprachbilder/Metaphern:** eine Blume pflanzen: Z. 1; mit Lächeln zahlen: Z. 4; einen anderen wärmen: Z. 5; „Paradies“: Z. 12; „Menschenzeit“: Z. 13
- **Großschreibung:** „Wenn“: Z. 11
- **Gedankenstrich:** Z. 12

Seite 26 **8** Aussage b) fasst die Aussageabsicht des Gedichts am treffendsten zusammen.

Seite 27 **9** freie Aufgabe zur persönlichen Wertung des Gedichts

Seite 27 **10** freie Aufgabe: Gedichtbeschreibung

Seite 27 **11** freie Aufgabe: eigenes Gedicht

Berichten

Einen Bericht bearbeiten

Seite 28 **1**

Ihrem Papagei hat es eine Zahnärztin aus dem Stadtteil Heide	Person, Ort
zu verdanken, dass ein dreister Einbrecher, der in den späten	Person
Abendstunden des gestrigen Tages in ihre Wohnung eingestie-	Zeitpunkt
gen war, auf frischer Tat ertappt wurde und von der Polizei	Person
festgenommen werden konnte.	Folgen

Seite 29 **2** So könnten die Stichworte aussehen:
Was: Wohnungseinbruch, Dieb gefasst
Wer: Zahnärztin, Einbrecher, Polizei
Wo: Stadtteil Heide
Wann: ca. 23.30 Uhr
Wie: Dieb war durch offen stehendes Küchenfenster eingestiegen, wurde von Papagei aufgeschreckt, versuchte zu fliehen, stolperte und blieb benommen liegen, Polizei nahm ihn fest, stellte fest, dass noch weitere Einbrüche auf sein Konto gehen
Welche Folgen: Festnahme, Sicherstellung des Diebesgutes

Seite 29 **3** Dieses ist eine Möglichkeit, eine Schlagzeile zu gestalten:

Papagei stellt dreisten Einbrecher

Seite 29 **4** **Papagei stellt dreisten Einbrecher**

Ihrem Papagei hat es eine Zahnärztin aus dem Stadtteil Heide zu verdanken, dass ein dreister Einbrecher, der in den späten Abendstunden des gestrigen Tages in ihre Wohnung eingestiegen war, auf frischer Tat ertappt wurde und von der Polizei festgenommen werden konnte. Der etwa dreißigjährige Mann war gegen 23.30 Uhr in das Haus eingedrungen und wurde von dem Papagei durch laute Geräusche in die Flucht geschlagen. Dabei stolperte er und blieb benommen im Hausflur liegen. Die herbeigerufene Polizei konnte ihn widerstandslos festnehmen. Später stellte sich heraus, dass noch weitere Diebstähle auf sein Konto gehen.

Eine Ballade in einen Bericht umschreiben

Seite 31 **1**

- Wie heißt der Steuermann? John Maynard.
- Wie heißt das Schiff? „Schwalbe".
- Auf welcher Strecke befindet sich das Schiff? Von Detroit nach Buffalo.
- In welchem Teil des Schiffes bricht das Feuer aus? Im Innenraum des Schiffes.
- Wann ereignet sich das Unglück? In den Abendstunden des 9. August 1841.
- Wo befindet sich das Schiff zu diesem Zeitpunkt? Ca. 30 Minuten vor Buffalo.
- Wohin retten sich zunächst die Passagiere? Auf das Deck zum Bugspriet (vorderer Teil des Schiffes).
- Was passiert mit dem Schiff? Das Schiff wird zerstört.
- Wie geht das Ereignis für die Passagiere aus? Alle überleben.
- Was geschieht mit dem Steuermann? Er kommt ums Leben.

Seite 32 **2**

1. Strophe: Frage nach John Maynard, Erinnerung an John Maynards Tat auf seinem Grabstein
2. Strophe: Das Schiff „Schwalbe" befindet sich auf dem Eriesee auf dem Weg von Detroit nach Buffalo.
3. Strophe: Im Schiffsraum entsteht ein Brand.
4. Strophe: Die Passagiere suchen vorn auf dem Deck Schutz vor dem Qualm und den Flammen.
5. Strophe: Der Steuermann hält trotz der Flammen den Kurs.
6. Strophe: Der Steuermann setzt das Schiff auf den Strand.
7. Strophe: Alle sind gerettet, nur der Steuermann wird vermisst.
8. Strophe: John Maynard ist umgekommen und wird beerdigt.
9. Strophe: Beerdigung und Erinnerung an seine Tat.

Seite 33 **3** **Schiffspassagiere entkommen knapp einer Katastrophe**

Dem selbstlosen Einsatz ihres Steuermanns verdanken die Passagiere des Fährschiffs „Schwalbe" ihr Leben. Auf dem Weg von Detroit nach Buffalo war in den Abendstunden des gestrigen Tages Feuer im Schiffsraum ausgebrochen. Während die Passagiere und der Kapitän Schutz an Deck suchten, gelang es dem Steuermann John Maynard, das Schiff kurz vor Buffalo auf den Strand zu setzen. Es zerbrach dabei, die Passagiere konnten jedoch alle gerettet werden. Der Steuermann kam bei dieser heldenhaften Aktion ums Leben.

Seite 33 **4** So kannst du den Bericht beginnen:

Schiffspassagiere entkommen knapp einer Katastrophe

Die Passagiere eines Fährschiffs, das sich auf dem Weg von Detroit nach Buffalo auf dem Eriesee befand, entkamen in den gestrigen Abendstunden nur knapp einer

Katastrophe. Ihr Leben verdanken sie dem Steuermann, dem es, nachdem ein Feuer ausgebrochen war, gelang, das Schiff auf das Ufer zu setzen, wobei er selbst jedoch ums Leben kam.
Das Fährschiff „Schwalbe“ befand sich mit zahlreichen Passagieren auf dem Weg von Detroit nach Buffalo, als ca. 30 Minuten vor der Ankunft im Schiffsinneren Feuer ausbrach. Die Ursache für den Brand ist noch ungeklärt. Die Passagiere liefen voller Panik an Deck und suchten im vorderen Teil des Schiffs am Bug Schutz vor den Flammen und dem dichten Rauch. ...

Eine Inhaltsangabe verfassen

Seite 34 **1**

So lautet die richtige Reihenfolge der Arbeitsschritte:
1) beim ersten Lesen Wichtiges markieren
2) einen Einleitungssatz formulieren
3) den Text in Sinnabschnitte gliedern
4) den Inhalt der Abschnitte in Stichworte zusammenfassen
5) die Stichworte ausformulieren
6) einen Schlusssatz formulieren

Seite 35 **2**

Z. 1–18: Ein Junge möchte gerne in den Bergen jagen gehen, seine Mutter aber will ihn davon abhalten.
oder: Versuch einer Mutter, ihren Sohn von der gefährlichen Jagd in den Bergen abzuhalten
Z. 19–40: Der Junge verfolgt eine Gazelle, die vergeblich versucht, ihm zu entkommen.
Z. 41–49: Als er das Tier erschießen will, erscheint ein Berggeist und schützt dieses.

Seite 36 **3**

a) In dem Gedicht von Friedrich Schiller wird die Geschichte von einem Jungen erzählt, der sich über den Wunsch seiner Mutter hinwegsetzt.
statt „Gedicht“ genauer: Ballade; der Titel und das Entstehungsjahr fehlen; es wird nicht deutlich, wie das Geschehen endet.

b) „Der Alpenjäger“ ist eine Ballade über die Gefahren der Jagd in den Bergen um 1804.
Der Autor wird nicht genannt; es fehlt ein Handlungsüberblick.
c) In dem Text „Der Alpenjäger“ von Friedrich Schiller wird von einem Jungen, seiner Mutter und einem Berggeist berichtet.
Es fehlt ein Hinweis auf die Textart; das Entstehungsjahr fehlt; der Handlungsüberblick ist ungenau gestaltet.
d) Die Ballade „Der Alpenjäger“ von Friedrich Schiller aus dem Jahre 1804 handelt von einem Jungen, der Abenteuer erleben möchte.
Der Handlungsüberblick ist ungenau gestaltet.

Seite 36 **4**

Dieses ist ein möglicher Einleitungssatz:
Die Ballade „Der Alpenjäger“, die Friedrich Schiller 1804 verfasst hat, handelt von einem Jungen, der gegen den Willen seiner Mutter in den Alpen zur Jagd geht und am Ende von einem Berggeist davon abgehalten wird, eine Gazelle zu erlegen.

Seite 37 **5**

- Ein Junge bittet seine Mutter mehrfach darum, in den Alpen auf die Jagd gehen zu dürfen. Diese lehnt jedoch ab, *weil sie Angst um ihn hat.*
- Sie möchte viel lieber, dass er *im Tal die Schafe hütet und sich um den Garten kümmert.*
- Gerade als er auf das Tier schießen will, *erscheint ein Berggeist.*
- Dieser fordert ihn dazu auf, *lieber die Natur zu schützen als sie zu zerstören.*

Seite 37 **6** a) Ich fand das Gedicht insgesamt ziemlich langweilig.
genauer: „Ballade"; die Wertung „langweilig" ist ungenau: Die Gründe für die Einschätzung werden nicht genannt.
b) Die in der Ballade erzählte Geschichte war sehr interessant. Besonders das überraschende Ende.
noch genauer begründen; was ist im Einzelnen interessant?

Seite 37 **7** Wenn du dir die Übungen noch einmal genau anschaust, wird es dir nicht schwerfallen, die gesamte Inhaltsangabe zu verfassen.

Seite 39 **8** **Johann Wolfgang von Goethe: Erlkönig – Eine Inhaltsangabe**
Die Ballade „Erlkönig", die von Johann Wolfgang von Goethe im Jahr 1782 verfasst wurde, handelt vom plötzlichen und geheimnisvollen Tod eines Jungen während eines nächtlichen Ritts mit seinem Vater.
Ein Vater reitet mit seinem Sohn nachts nach Hause. Als das Kind während des Ritts einen Geist wahrnimmt, den es Erlkönig nennt, bekommt es Angst und sucht Schutz bei seinem Vater, der vergeblich versucht, es zu beruhigen. Der Sohn wird wenig später von dem Geist angesprochen, der ihm verlockende Angebote macht. Die Angst des Jungen steigert sich daraufhin und er sucht erneut Schutz bei seinem Vater. Aber auch diesmal kann er das Kind nicht beruhigen. Dieses wiederholt sich noch zweimal. Der Geist spricht dabei den Jungen immer wieder direkt an und versucht, ihn zu überreden, mit ihm zu gehen. Das führt dazu, dass der Junge noch ängstlicher wird. Zum Schluss droht der Geist dem Jungen sogar Gewalt an. Der Vater bekommt es ebenfalls mit der Angst zu tun und er reitet immer schneller, bis er schließlich zu Hause ankommt. Seinen Sohn hält er nur noch tot in seinem Arm. Was zu seinem Tod geführt hat, wird im Text nicht konkret erzählt.

Seite 39 **9** siehe Lösung zu Aufgabe 1 auf Seite 62

Seite 39 **10** siehe Lösung zu Aufgabe 1 auf Seite 4

Grammatik üben

Wortarten

Wortarten erkennen

Seite 40 **1**

Nomen/Substantive	Schüler, Probleme
Verben	anhielt, klingelten
Adjektive	früh, aufmerksamen
Präpositionen	auf, in
Adverbien	gestern, darum, morgens

Das Pronomen

Seite 41 **1**

Liebe?
Sie flüstert im Kino: „Liebling, sitzt **du** bequem?“ „Ja.“ „Hast **du** genügend Platz für **deine** Beine?“ „Ja.“ „Stört **dich** die Dame mit dem großen Hut nicht?“ „Nein.“ „Hast **du** einen Sitz mit zwei Armlehnen?“ „Ja.“ „Gut, dann können **wir** doch **unsere** Plätze tauschen.“

Seite 41 **2**

- Mein Vater fragte mich, ob ich dieses Jahr allein in den Ferien wegfahren möchte.
- Katharina möchte nur das Kleid und kein anderes.
- Ein solches Unwetter wie gestern hast du in deinem Leben noch nicht erlebt.
- Die DVD seiner Freundin hat er in meinem Zimmer vergessen.
- Wir sind froh, nur solche Lehrer zu haben, die freundlich zu uns sind.

Personalpronomen	Possessivpronomen	Demonstrativpronomen
mich	mein	das
ich	deinem	solches
du	seiner	solche
er	meinem	
wir		
uns		

Seite 42 **1**

- Ich habe mir vorgenommen, nächstes Schuljahr fleißiger zu sein.
- Die Kinder freuen sich auf den Besuch im Freibad.
- Der Trainer ärgert sich über den mangelnden Einsatz der Spieler.
- Ich stelle mir vor, wie schön es in den Sommerferien wird.
- Du solltest dich bei deiner Schwester für das Zuspätkommen entschuldigen.
- Ben hat sich in Anna verliebt.

Die Sichtweise einer Aussage – Aktiv und Passiv

Seite 43 **1**

Aktivformen: unternehmen wollen, erleben, meistern, klettern, bauen, planen
Passivformen: werden angeboten, bewältigt werden können, ausprobiert werden, können durchgeführt werden, (können) erlebt werden, wird verbessert, wird gefördert, wird gestärkt

Seite 44 **1, 2**

- Die abenteuerliche Klassenfahrt stärkt den Zusammenhalt der Schülerinnen und Schüler.
  Der Zusammenhalt der Schülerinnen und Schüler wird (durch die abenteuerliche Klassenfahrt) gestärkt.
- Die Kinder unternehmen eine Menge spannender und herausfordernder Aktionen.
  Eine Menge spannender und herausfordernder Aktionen werden (von den Kindern) unternommen.

- Dabei machen alle wichtige Erfahrungen, die sie auch im weiteren Leben brauchen können.
  Dabei werden (von allen) wichtige Erfahrungen gemacht, die auch im weiteren Leben gebraucht werden können.
- In ungewohnten Situationen erweitern die Kinder eigene Grenzen und steigern dadurch ihr Selbstwertgefühl.
  In ungewohnten Situationen werden (von den Kindern) eigene Grenzen erweitert und ihr Selbstwertgefühl gesteigert.
- Bei allen Übungen beachten die Betreuer strengstens die nötigen Sicherheitsmaßnahmen.
  Bei allen Übungen werden (von den Betreuern) strengstens die nötigen Sicherheitsmaßnahmen beachtet.
- Vor allem legen die Schüler bei Kletteraktionen in luftiger Höhe die Sicherheitsgurte an und die Betreuer kontrollieren sorgfältig den richtigen Halt.
  Vor allem werden (von den Schülern) bei Kletteraktionen in luftiger Höhe die Sicherheitsgurte angelegt und der richtige Halt wird von den Betreuern sorgfältig kontrolliert.
- Die Betreuer ermutigen zögernde Schüler, zwingen aber ängstliche Kinder nicht zum Mitmachen.
  Zögernde Schüler werden (von den Betreuern) ermutigt, ängstliche Kinder werden aber nicht zum Mitmachen gezwungen.
- Als Bekleidung sollten die Schüler eine möglichst wasserdichte Jacke und feste Schuhe mitbringen.
  Als Bekleidung sollten (von den Schülern) eine möglichst wasserdichte Jacke und feste Schuhe mitgebracht werden.
- Hochhackige Schuhe, teuren Schmuck und andere Wertgegenstände sollten alle besser zu Hause lassen.
  Hochhackige Schuhe, teurer Schmuck und andere Wertgegenstände sollten (von allen) besser zu Hause gelassen werden.

Die Bildung der Tempusformen im Passiv

Seite 45 **1** ist diskutiert worden (Perfekt), abgelehnt worden waren (Plusquamperfekt), wurde angenommen (Präteritum), angeboten wird (Präsens), wurden empfangen (Präteritum), gemacht worden waren (Plusquamperfekt), gesichert wurden (Präteritum), besprochen wurden (Präteritum), ist angenommen worden (Perfekt), sind überzeugt worden (Perfekt)

Seite 45 **2** Die Klassenfahrt wird von zwei Lehrern begleitet.
Ein halbes Jahr vorher ist sie vom Klassenlehrer sorgfältig geplant worden; alle nötigen Absprachen sind getroffen worden.
Weil das Programm früherer Fahrten oft kritisiert worden war, wurden viele Kataloge gewälzt und Angebote geprüft.
Während der Aktionen werden die Schüler dann vom Lehrer begleitet und unterstützt.
Nach den Aktionsphasen werden die Erfahrungen der Schüler in Reflexionsphasen besprochen.
Aufgrund der positiven Erfahrungen werden solche erlebnispädagogischen Programme in Zukunft sicher noch häufiger genutzt werden.

Die Aussageweise des Verbs – der Modus

Der Konjunktiv II

Seite 47 1

a) Ach, bekäme ich doch mehr Taschengeld!
b) Hätte ich doch einen neuen Computer!
c) Schriebe ich doch gute Noten!
d) Besäße ich doch einen Führerschein!
e) Ach, schlüge ich doch meinen Freund im Schach!
f) Könnte ich doch samstags länger schlafen!
g) Würde ich zur Party eingeladen!
h) Wäre ich nur etwas sportlicher!

Seite 48 2

a) Wenn ich mehr Taschengeld hätte, kaufte ich mir ein neues Fahrrad.
b) Wenn wir mehr Zeit hätten, flögen wir am Wochenende nach Paris.
c) Wenn er nicht nach Hause gehen müsste, könnte er uns noch helfen.
d) Wenn ich in Wuppertal wohnte, führe ich häufiger mit der Schwebebahn.
e) Wenn es ihre Eltern erlaubten, machte sie eine Wildwassertour in den Alpen.
f) Wenn sie eine Bahncard hätten, zahlten sie nur die Hälfte des Preises.
g) Wenn wir nicht so früh aufstehen müssten, blieben wir noch etwas hier.

Seite 49 3

Präteritum	Konjunktiv II	Umschreibung mit würde
er ging	er ginge	er würde gehen
sie lief	sie liefe	sie würde laufen
er kam	er käme	er würde kommen
es regnete	es regnete	es würde regnen
sie schlief	sie schliefe	sie würde schlafen

Seite 49 4

freie Aufgabe: eine Geschichte schreiben

Der Konjunktiv I

Seite 50 1

a) Diana sagt, in diesem Jahr gebe es einen schönen Sommer.
b) Der Fremde fragt, welcher Weg zur Tropfsteinhöhle führe.
c) Der Arzt meint, dass der Patient nach der Operation viel Ruhe brauche.
d) Der Trainer sagt, die Mannschaft habe ihre letzte Chance verspielt.
e) Die Mieter sagen, dass die Wände der Wohnung feucht seien.
f) Der Lehrer fragt, ob jemand seine Hausaufgaben vergessen habe.
g) Die Schülerin versichert, dass sie sich in der nächsten Zeit besonders anstrengen wolle.
h) Olga rätselt, ob sie zu Weihnachten wohl einen Computer bekomme.
i) Die Verkäuferin fragt die Kundin, ob sie es nicht klein habe.
j) Der Schiedsrichter sagt dem Stürmer, dass er beim nächsten Mal die Rote Karte erhalte.

Seite 51 2

a) Unser Lehrer meint, wir sprächen im Unterricht zu viel.
b) Max sagt, er sei einer der besten Schwimmer seines Vereins.
c) Sein Trainer sagt, er habe eine große Zukunft als Torhüter.
d) Sie behauptet, ich bekäme damit große Schwierigkeiten.
e) Mein Zimmergenosse sagt, ich würde die ganze Nacht schnarchen.

Seite 51 **3**

Zeugnistag
Am letzten Schultag vor den Sommerferien kommt Klaus nach Hause. Die Mutter fragt ihn, wo er denn sein Zeugnis habe. Das habe er Markus geliehen, der wolle damit seinem Vater einen Schrecken einjagen, antwortet der Junge.

Ein Gentleman
Alexander fährt mit der Straßenbahn in die Schule. Eine Mutter mit einem kleinen Kind steigt zu. Höflich steht er auf und bietet ihr seinen Sitzplatz an.
Das sei aber nett von ihm, meint sie, er sei ja ein richtiger Gentleman.
Zufällig fragt an diesem Morgen der Lehrer in der Englischstunde, was ein Gentleman sei. Ein Gentleman sei ein Mann, verkündet Alexander, der eine Frau mit einem Kind sitzen lasse.

Zeugnisse
Herr Müller sieht, wie sein Nachbar ein Lagerfeuer macht. Er fragt ihn, was er da mache, warum er denn seine Zeugnisse verbrenne. Sein Sohn komme bald in die Schule, erwidert der Nachbar.

Gute Nachrichten
Die Tochter sagt zur Mutter, dass es gute Nachrichten gebe. Sie habe ihr doch zehn Euro versprochen, wenn sie noch eine Vier in Mathe bekomme. Sie habe schon wieder Geld gespart.

Seite 52 **4**

Überraschendes Comeback von „Turbo"
BARCELONA. Die Überraschung ist da: Thomas „Turbo" Schmidt startet nun doch bei den drei entscheidenden Saisonrennen in Malaysia, Italien und Monaco. Er wolle seinem Rennstall helfen, Weltmeister zu werden, begründete der mehrfache Formel-1-Weltmeister aus Erfurt gestern bei einem Interview seinen unerwarteten Sinneswandel. Er habe keine Beschwerden und fühle sich gut, sagte er nach erneuten Testfahrten in Barcelona (Spanien).

Seite 52 **5**

Noch am Dienstag hatte der 35-Jährige mitgeteilt: „Ich bin körperlich noch nicht fit genug für einen Wettkampf in dieser Saison." Weiterhin hatte er erklärt: „Solange ich noch Schmerzen im Arm habe, will ich nicht an den Start gehen." Das Rennen in Malaysia ist Schmidts erster Wettkampf seit seinem Unfall in Kanada.

Satzglieder und Satzgliedteile

Subjekt, Prädikat und Objekte

Seite 53/54 **1, 2**

- (Sarah und Leon) (helfen) (ihrer kranken Oma).
  S *P* *DO*
- (Die alte Dame) (bedarf) (der Unterstützung).
  S *P* *GO*
- (Für ihre Großmutter) (erledigen) (die beiden) (die Einkäufe).
  pO *P* *S* *AO*
- (Ihrem Vater) (erzählen) (sie) (von ihren Einkäufen für ihre Großmutter).
  DO *P* *S* *pO*
- (Er) (unterstützt) (seine hilfsbedürftige Mutter) (ebenfalls).
  S *P* *AO*
- (Seine Frau und er) (hoffen) (auf die baldige Genesung der 80-Jährigen).
  S *P* *pO*

Seite 54 **3**

freie Aufgabe: Sätze mit Genitiv-, Dativ-, Akkusativobjekten und präpositionalen Objekten

Seite 54 **4, 5**

Englische Hausbesitzer erleben eine eisige Überraschung (Pressemeldung)
S P

Mit Schrecken denken die Besitzer eines Landhauses in der Nähe Londons an den
P S
letzten Mittwochabend zurück. Während sie gemütlich beim Essen saßen, krachte es
P S P P S
plötzlich fürchterlich im Gebälk. Als die entsetzten Leute die Ursache für diese ge-
S
waltige Erschütterung herausfinden wollten und schließlich auch auf dem Dach-
P
boden nachsahen, entdeckten sie die Reste eines riesigen Eisblocks, die langsam
P P S S
dahinschmolzen. Das Eis war offenbar von einem Flugzeug aus großer Höhe in das
P S P
Dach gestürzt und begann nun zu tauen. Der Eisklotz hatte zwar beim Aufprall ein
P P P S P
sechzig Zentimeter großes Loch in das Dach gerissen, aber glücklicherweise wurde
P P
niemand verletzt. Die Feuerwehr kümmerte sich um den Schaden.
S P S P

Die adverbiale Bestimmung

Seite 55 **1**

- Rom wurde *in der Region Latium* gegründet. (Adverbiale Bestimmung *des Ortes*)
- Der Aufstieg Roms zur Weltmacht begann *im 2. Jahrhundert vor Christus.* (Adverbiale Bestimmung *der Zeit*)
- *Eifrig* erweiterten die Römer die Grenzen ihrer Macht. (Adverbiale Bestimmung *der Art und Weise*)
- Die Sage von Romulus und Remus wird *seit Jahrhunderten in ähnlicher Weise* erzählt. (Adverbiale Bestimmung *der Zeit und der Art und Weise*)
- Remus wurde von Romulus *mit einem Schwert* getötet. (Adverbiale Bestimmung *des Mittels*)
- *Aus Zorn* handelte Romulus so. (Adverbiale Bestimmung *des Grundes*)

Seite 56/57 **2, 3**

Adjektive		**Adverbien**		**Präposition + Nomen/Substantiv**	
gemeinsam	AW	dort	O	auf dem Palatin	O
laut	AW	geradeheraus	AW	um den Palatin herum	O
missmutig	AW	zuerst	Z	mit Spitzhacken	M
spöttisch	AW	zunächst	Z	über die Mauer	O
plötzlich	Z/AW	sofort	Z	mit dem Schwert	M
zornig	AW	bitterlich	AW		

Seite 57 **4**

Die adverbiale Bestimmung des Grundes (Kausaladverbiale): *Wegen eines technischen Defekts* bleibt die Anlage heute geschlossen.

Das Attribut

Seite 58 **1**

- Adjektivattribute: *jungen, große, niedrige, kleine, kluge, neuen*
- Genitivattribute: *der Menschen, der Nachbarschaft, aller Art, seiner Nachbarn*
- präpositionale Attribute: *zu Fuß, aus Fußvolk und Reitern*
- Appositionen: ..., *gute und schlechte Menschen*, ...; ..., *die „Auslese“*

- Attributsätze/Relativsätze: ..., *auf dem Romulus seine Kindheit verbracht hatte, ...; ..., die hier lebten, ...*

Seite 59 **2**

die große Aufgabe – die Aufgabe, die groß war
die niedrige Mauer – die Mauer, die niedrig war
das kleine Rom – Rom, das klein war
der kluge Romulus – Romulus, der klug war
dem neuen Staate – dem Staate, der neu war

Seite 59 **3**

Auf dem Palatin, *einem der sieben Hügel Roms*
mit *großer* Tatkraft
der kluge Romulus, *der vorausschauend war*
seine Stadt *auf den sieben Hügeln*
er, *der Herrscher Roms, ...*
in *sogenannte* Tribus

Satzreihe und Satzgefüge

Die Satzreihe

Seite 60 **1**

- Lukas liest ein spannendes Buch, darum vergisst er das Tennistraining.
- Sinem muss noch ihre Hausaufgaben machen; aber viel lieber möchte sie ins Kino gehen.
- Michael hat sein Deutschbuch vergessen, denn er hat am Abend zuvor seine Tasche nicht mehr kontrolliert.
- Anne ist Mitglied im Tennisverein und Martha spielt Fußball.
- Heute bleibe ich zu Hause, denn es regnet bestimmt den ganzen Tag.

Das Satzgefüge

Seite 61 **1**

- Im Winter fahren viele Autofahrer zu schnell, obwohl oft davor gewarnt wird. (b)
- Weil sie die Glättegefahr unterschätzen, kommen sie in gefährliche Situationen. (a)
- Wenn ihr Gefährt dann im Graben liegt, ist es zu spät. (a)
- Die Bergungskosten, die nicht gerade gering sind, werden nur zum Teil von den Versicherungen übernommen. (c)
- Der Schaden am eigenen Fahrzeug wird nur erstattet, wenn eine Vollkasko-Versicherung abgeschlossen wurde. (b)
- Damit man mit diesen Problemen nichts zu tun hat, sollte man lieber vorsichtig fahren. (a)

Seite 61 **2**

- Weil Kirsten in einem spannenden Buch liest, denkt sie nicht an die Verabredung mit Maren.
- Nachdem Torsten seine ausgeliehenen Bücher zurückgebracht hat, trifft er sich mit Felix.
- Patrik, der das schnellste Fahrrad hat, kommt als Erster zum vereinbarten Treffpunkt.
- Wenn Nina ihre Hausaufgaben gemacht hat, darf sie heute ins Kino gehen.
- Oleg hat das Tennisspiel gewonnen, weil (nachdem) er tagelang dafür trainiert hat.
- Da (Weil) Judith großen Durst hat, bestellt sie sich in der Eisdiele eine Mixmilch.
- Hannah und Esra gehen zum Schwimmen, weil (da) sie heute schulfrei haben.

Satzreihe und Satzgefüge als Stilmittel

Seite 62 **1**

Heinrich Heine: Belsazar – Eine Inhaltsangabe
Die Ballade „Belsazar", die Heinrich Heine 1822 verfasst hat, handelt von dem babylonischen König Belsazar, der während eines Festes Gott verhöhnt, worauf zunächst eine rätselhafte Flammenschrift erscheint. Am Ende wird Belsazar von seinen Dienern umgebracht.
Während König Belsazar mit Knechten in seinem Schloss ein Fest feiert und alle betrunken sind, verspottet er Jehova, den Gott Israels. Er befiehlt einem Knecht, heilige Gegenstände aus dem Tempel zu holen. Nachdem er aus einem Kelch getrunken hat, verhöhnt er den Gott Israels erneut lautstark. Daraufhin erscheint eine unheimliche Flammenschrift an der Wand, über die sich alle Anwesenden sehr erschrecken. Weil keiner die Schrift deuten kann, werden Gelehrte herbeigerufen, die jedoch auch keine Erklärung haben. Noch in derselben Nacht wird Belsazar von seinen Knechten umgebracht, weil sie sich möglicherweise vor der Rache Gottes fürchten. Schließlich haben sie Belsazar unterstützt.

Seite 63 **2**

Richterliche Anordnung für Hühner
Neun Hähne in einem baden-württembergischen Ort dürfen nur noch zu bestimmten Zeiten krähen, nachdem sich ein Nachbar über sie beschwert hatte. Er war vor Gericht gezogen, weil die Hähne ihn immer wieder aus dem Schlaf geholt hatten. Sie krähten oft bereits um 3.30 Uhr. Danach konnte er nicht wieder einschlafen und stand dann entnervt auf. Weil der Besitzer der Hähne sich jedoch nicht um seinen Nachbarn kümmerte, kam es zum Gerichtsentscheid. Die Hähne dürfen nun nur noch zu Zeiten, die der Richter festgelegt hat, Geräusche von sich geben. Hoffentlich haben die Tiere das Urteil auch gelesen!

Seite 63 **3**

... Im Hintergrund der Fotografie ist ein Haus zu sehen, zu dem ein Spazierweg führt. Er ist geschwungen und sticht hell von der Umgebung, die im Wesentlichen aus Rasenflächen besteht, ab. An der Vorderfront des Hauses, das ein schwarzes Schieferdach besitzt, ist ein aus Holz gefertigtes Rosengitter angebracht. Das Haus ist mit einem weiß gestrichenen Holzzaun umgeben.

Der Adverbialsatz

Seite 64 **1**

- Als es klingelt, stürmen alle aus dem Klassenraum.
- Bevor er zu Mittag isst, möchte Thomas noch schnell seinen Freund Paul anrufen.
- Weil das Wetter gut ist, wollen beide nämlich ins Schwimmbad gehen.
- Obwohl er erkältet ist, kommt Viktor natürlich mit.
- Weil er sich so freut, macht er einen Luftsprung.

Seite 65 **2**

- Wegen der Rollenverteilung darf heute kein Mitglied der Theater-AG fehlen.
- Nach der Theaterprobe treffen sich alle in der Cafeteria der Schule.
- Trotz der vielen Arbeit wollen alle in der AG weiter mitmachen.
- Bei der Generalprobe sind alle ganz besonders konzentriert.
- Wegen ihrer besonders ausdrucksstarken Stimme spielt Martha sehr beeindruckend.

Seite 65/66 **3, 4**

Ausgesperrt
Eine Verkehrskontrolle wird einem Autofahrer für lange Zeit in Erinnerung bleiben. Als der Mann zur Kontrolle der Fahrzeugpapiere sein Fahrzeug verließ, blieb sein Hund im Auto sitzen. Sofort drückte er mit einer Pfote den Knopf der Zentralverriegelung herunter. Danach blickte er stolz aus dem Fenster. Der Schlüssel steckte derweil im Zündschloss. Dem ausgesperrten Herrchen blieb nichts anderes übrig, als sich umgehend den Zweitschlüssel bringen zu lassen.

Seite 66 **5** freie Aufgabe: Bericht aus der Tageszeitung bearbeiten

Seite 67 **1**

- Bücher finde ich deshalb so spannend, weil man sich vieles selbst vorstellen muss.
  Kausalsatz
- Als ich noch kleiner war, hat mir meine Großmutter immer aus einem dicken Märchenbuch vorgelesen.
  Temporalsatz
- Manchmal habe ich mich dann unter mein Kissen verkrochen, wenn es besonders spannend wurde.
  Konditionalsatz, Temporalsatz (immer wenn ...)
- Meine Oma erfand dann schnell einen ganz lustigen Abschnitt, damit ich mich wieder beruhigte.
  Finalsatz
- Heute ist das natürlich alles ganz anders, obwohl ich auch schon einmal von einem spannenden Buch geträumt habe.
  Konzessivsatz
- Das Buch „Krabat" von Otfried Preußler hat mich so fasziniert, dass ich gar nicht mit dem Lesen aufhören wollte.
  Konsekutivsatz
- Dadurch, dass alles so geheimnisvoll beschrieben wird, wird der Leser richtig gefesselt.
  Modalsatz
- Als ich dann doch eingeschlafen war, befand ich mich plötzlich in einer unheimlichen Mühle.
  Temporalsatz
- Ich weiß heute noch, wo diese Mühle stand.
  Lokalsatz
- Irgendwann kam mein Vater ins Zimmer, da ich im Schlaf gesprochen hatte und das Licht noch brannte.
  Kausalsatz
- Bis spät in die Nacht lese ich heutzutage nur noch, wenn ich am anderen Tag nicht zur Schule muss.
  Konditionalsatz oder Temporalsatz (immer wenn...)
- Oft schaue ich mir natürlich auch einen Film an, damit ich in meiner Klasse mitreden kann.
  Finalsatz
- Wenn ich mich recht entsinne, gibt es zu dem Buch „Krabat" eine Verfilmung.
  Konditionalsatz
- Obwohl in dem Film alles nur gespielt ist, habe ich mich sehr gegruselt.
  Konzessivsatz

Subjektsatz und Objektsatz

Seite 69 **1**

Objektsatz

- Ich erinnere mich noch gern daran, dass du mich besucht hast.
  Ich erinnere mich noch gern an deinen Besuch.

- Dein Sieg im Tennisspiel freut mich ganz besonders.

  Subjektsatz
  Dass du das Tennisspiel gewonnen hast, freut mich ganz besonders.

- Immer wieder muss ich dich auf das Müllsortieren aufmerksam machen.

  Objektsatz
  Immer wieder muss ich dich darauf aufmerksam machen, dass du den Müll sortierst.

  Objektsatz
- Dass die Arbeit so gut ausgefallen ist, hast du deinem Fleiß zu verdanken.
  Die gute Arbeit hast du deinem Fleiß zu verdanken.

  Objektsatz
- Wir müssen uns dafür einsetzen, dass die Umwelt geschützt wird.
  Wir müssen uns für den Umweltschutz einsetzen.

- Deine Mitgliedschaft in einem Sportverein ist sehr lobenswert.

  Subjektsatz
  Dass du Mitglied in einem Sportverein bist, ist sehr lobenswert.

  Objektsatz
- Ich erwarte, dass du sofort kommst.
  Ich erwarte dein sofortiges Kommen.

- Wir hoffen auf einen Sieg unserer Mannschaft.

  Objektsatz
  Wir hoffen, dass unsere Mannschaft siegt.

Der Attributsatz (Relativsatz)

Seite 70 **1**

- Ein kleiner, dicker Mann isst eine Riesenbratwurst.
  Ein Mann, der klein und dick ist, isst eine Riesenbratwurst.
- Das Haus am Ende der Straße wird renoviert.
  Das Haus, das am Ende der Straße steht, wird renoviert.
- Ich lese gerade ein spannendes Buch.
  Ich lese gerade ein Buch, das spannend ist.
- Der übermüdete Mittelstürmer schläft auf dem Elfmeterpunkt ein.
  Der Mittelstürmer, der übermüdet ist, schläft auf dem Elfmeterpunkt ein.
- Die Zuschauer bejubeln den Torschützen der gegnerischen Mannschaft.
  Die Zuschauer bejubeln den Torschützen, der zur gegnerischen Mannschaft gehört.
- Dackel Oskar, dieser Lümmel, hat dem Metzger eine Wurst gestohlen.
  Dackel Oskar, der ein Lümmel ist, hat dem Metzger eine Wurst gestohlen.
- Der sehr verdutzte Mann versucht vergeblich, ihn zu verfolgen.
  Der Mann, der sehr verdutzt ist, versucht vergeblich, ihn zu verfolgen.
- Dackel Oskar rast mit Hochgeschwindigkeit in das Gebäude einer Lebensmittelkette.
  Dackel Oskar rast mit Hochgeschwindigkeit in das Gebäude, das zu einer Lebensmittelkette gehört.

Seite 71 **2**

- Otfried Preußler, der am 20.10.1923 im Isergebirge (Sudeten) geboren wurde und am 18.2.2013 in Prien am Chiemsee starb, ist der Autor des bekannten Jugendbuches „Krabat".
- Seine Vorfahren, die als Glasmaler tätig waren, lebten seit dem 15. Jahrhundert in Böhmen.

- Sein Vater und seine Mutter, die beide Lehrer waren, haben ihm schon sehr früh Sagen aus der Lausitz und dem Isergebirge erzählt.
- Mit 15 Jahren verdiente Preußler sein erstes Geld mit Illustrationen, die in einer Zeitung erschienen.
- Nach seiner Freilassung aus russischer Kriegsgefangenschaft folgte Preußler seiner Familie, die sich inzwischen im oberbayerischen Rosenheim niedergelassen hatte.
- Dort arbeitete er zunächst als Lehrer an einer Schule, die er einige Jahre darauf als Rektor leitete.
- Seinen Schülern erzählte er immer wieder Geschichten, die er später aufschrieb.
- Sein erstes Buch, das 1956 erschien, war „Der kleine Wassermann".
- Otfried Preußler hat über 25 Bücher geschrieben, die in mehr als 40 Sprachen übersetzt wurden.
- Bekannt sind auch seine Bühnenstücke, die zu den meistgespielten Werken des zeitgenössischen Kindertheaters zählen.
- An dem Jugendbuch „Krabat", das auf den sorbischen Sagenkreis um Mistr Krabat zurückgeht, hat Preußler zehn Jahre gearbeitet.
- In dieser Gegend wird auch heute noch eine eigene Sprache, die Sorbisch oder Wendisch genannt wird, gesprochen.
- Sorbisch, das dem Tschechischen, Polnischen und Slowakischen nahesteht, zählt zur Familie der slawischen Sprachen.
- Die Sprache, die noch in einigen Schulen gelehrt wird, wird heute noch in Teilen der Ober- und Niederlausitz von ca. 60 000 Menschen gesprochen.

Seite 72 3

Lockspeise für Schmetterlinge

Der süßlich duftende Saft, der aus dem verletzten Stamm der Birke quillt, lockt neben mancherlei bunt schillernden Käfern viele Schmetterlinge an, zum Beispiel das Tagpfauenauge, den Admiral und vielleicht auch einmal den Trauermantel, der sehr selten geworden ist. Die Insekten naschen von dem gärenden Saft, der sie wie betrunken macht. Eine selbstangesetzte Mixtur aus Malzbier, Sirup, Apfelmus und etwas Rum lockt an warmen Sommerabenden besonders Nachtschmetterlinge an. Tränke damit eine Papierserviette und drücke diese in einen Joghurtbecher, den du zu einer Blüte umgestaltet und auf einen Stab gesteckt hast.

Natürlicher Gartendünger

Im Garten fallen verwelkte Laubblätter auf, die tütenförmig eingerollt und im Erdboden eingedreht sind. Man entdeckt auch vertrocknete, lange Grashalme, die seltsamerweise wie Fähnchen im Rasen stecken. Hier verbirgt sich ein großes Umweltgeheimnis. In der Nacht kommen die Regenwürmer mit ihrem Vorderende aus den Röhren, suchen nach verwelktem Laub und Gras, das nach dem Mähen liegen geblieben ist, und ziehen es mit dem Maul in die Erde hinein. Nach dem Verfaulen verzehren die Regenwürmer die Pflanzenreste und verarbeiten sie zusammen mit der Erde, die sie durch ihren Körper leiten, zu den bekannten Wurmhäufchen (A). Diese bestehen aus nährstoffreichen Humuskrümeln.

Seite 73 4

Raupenjäger

Wenn du einmal im Garten eine Steinplatte oder Baumwurzel anhebst, achte auf die Käfer, **die eilig davonlaufen**, nämlich den schwarzen Gartenlaufkäufer und den goldgrünen Laufkäfer „Goldschmied". Die knapp 3 cm großen Insekten können nicht fliegen und kaum klettern, deshalb kannst du einen Käfer zur kurzen Beobachtung in einer offenen Plastikschachtel halten, **die du mit feuchter Erde, Moos und Rinde ausgestattet hast**. Mit seinen zangenartigen Kiefern stürzt der Käfer sich besonders auf Raupen, Nacktschnecken und Wiesenschnaken. Er spritzt der Beute einen Verdauungssaft ein und saugt sie aus. Gegen Schmetterlingsraupen, **die einen dichten Haarpelz besitzen**, kann er allerdings nichts ausrichten.

Rechtschreibung üben

Richtig zu schreiben kann man lernen

Seite 74 1, 3

~~Notpad~~/Notepad – ~~Nowelle~~/Novelle – Novität/~~Novitet~~ – ~~Nummerale~~/Numerale – ~~numerieren~~/nummerieren – nuklear/~~nucklear~~ – ~~Notitz~~/Notiz – ~~notiren~~/notieren

Seite 74 2

N	o	t	e	p	a	d

N	o	v	e	l	l	e

N	o	v	i	t	ä	t

N	u	m	e	r	a	l	e

n	u	m	m	e	r	i	e	r	e	n

n	u	k	l	e	a	r

N	o	t	i	z

n	o	t	i	e	r	e	n

Seite 75 4

deutsche Umschreibung	Fremdwort
Neuheit	Novität
den Atomkern betreffend	nuklear
feiner Unterschied	Nuance
Neuling	Novize
Computer im Notizbuchformat	Notepad
Fachausdruck für „Zahlwort"	Numerale

Seite 76 1

Lösungswörter: Geografie, Frieden, Vetter, Strophe, pfeifen, Proviant, Klavier, Alphabet, Hafer, Katastrophe, Stativ, Vase

Seite 77 1

packen – backen; Teich – Deich; sinken – singen; Pfand – fand; Greis – Kreis; Enkel – Engel; Grippe – Krippe; Bad – bat; gibst – Gips; Rad – Rat; Pfund – Fund

Seite 77 1

- en**t**kommen
- en**d**lich
- en**t**fernen
- en**d**gültig
- En**d**spurt
- En**t**führer
- En**t**lassung
- En**d**summe
- en**d**los
- En**t**scheidung
- en**t**gleisen
- En**d**silbe
- En**t**spannung
- en**t**werfen
- En**d**station

Seite 78 2

freie Aufgabe: Sätze bilden

Seite 78 3

sehen – wiedersehen	streben – widerstreben
legen – widerlegen	rufen – widerrufen
herstellen – wiederherstellen	kommen – wiederkommen
spiegeln – widerspiegeln	holen – wiederholen
geben – wiedergeben	kehren – wiederkehren
bringen – wiederbringen	stehen – widerstehen
setzen – widersetzen	sprechen – widersprechen

freie Aufgabe: Sätze bilden mit den zusammengesetzten Wörtern

Seite 78 **1**

- Notiz – notieren
- Rasur – rasieren
- Garantie – garantieren
- Gratulation – gratulieren
- Maske – maskieren
- Frisur – frisieren
- Interesse – interessieren

Seite 79 **2**

- Die **Fabrik** ist ein Gebäude, in dem Produkte hergestellt werden.
- Als der Brand ausbrach, gerieten viele Menschen in **Panik**.
- Neben der Sprache benutzen Schauspieler die **Mimik** und **Gestik** als Ausdrucksmittel.
- Viele Spielzeuge sind heute nicht aus Holz, sondern aus **Plastik**.
- Wenn ich Zahlenmaterial zu einem Thema zusammenstelle, erstelle ich eine **Statistik**.
- Wenn ich eine Sache wertend betrachte, übe ich **Kritik** an ihr.
- Charlie Chaplin begeisterte sein Publikum mit seiner **Komik**.

Seite 80 **1**

Schreibweise nach kurzem Vokal	**Schreibweise langer Vokale**
Deckel entspannen	treten stehlen
Groß- und Kleinschreibung	**s-Laute**
das Üben mittags am Morgen	Wasser Schloss interessant (s. auch Fremdwortschreibung)
Fremdwortschreibung	**gleich oder ähnlich klingende Laute**
Roboter interessant (s. auch s-Laute)	Wald lieb
Getrennt- oder Zusammenschreibung	
zusammen sein die Haustür	

Seite 80 **2**

„Der Zahnarzt" von Johann Peter Hebel – Eine Inhaltsangabe

Erzählung
Die ~~Erzälung~~ „Der Zahnarzt" von Johann Peter Hebel handelt von zwei kleinen Gau-
ausnutzen *Geld*
nern, die die Gutgläubigkeit einiger Gasthausbesucher ~~ausnuzen~~ und so zu ~~Gelt~~ kommen. Zwei Tagediebe befinden sich in Geldnot und denken sich einen Plan aus, um an Geld zu kommen. Sie betteln sich etwas Brot zusammen, aus dem sie kleine Kü-
Tabletten
gelchen formen, die wie ~~Tableten~~ aussehen. Diese verpacken sie dann in buntes Papier.
Wange
Der eine Tagedieb geht nun in ein Wirtshaus, jammert und hält sich die eine ~~Wannge~~, sodass alle Wirtshausbesucher glauben, er habe Zahnschmerzen. Zunächst bedauern sie ihn, setzen dann aber ihre Gespräche fort.
Nun betritt auch der zweite Tagedieb das Wirtshaus, tut so, als ob er seinen Freund nicht kenne, und sagt ihm, dass er ihm helfen könne, seine Zahnschmerzen loszu-
Doktor *Pillen*
werden. Er sei ~~Docktor~~ und habe ~~pillen~~ gegen Zahnschmerzen. Er müsse nur eine Pille auf den schmerzenden Zahn legen, kräftig zubeißen und schon verschwinde der Schmerz. Nun werden die anderen Gäste wieder aufmerksam und beobachten,
passiert
was ~~pasiert~~. Der andere Gauner tut, wie der angebliche Doktor befohlen hat, schreit

dann aber auf, als ob er einen kräftigen Schmerz ~~verspühre~~ *verspüre*. Der angebliche Doktor versichert ihm, nun sei der Schmerz gebrochen und er müsse schnell noch eine zweite Pille nehmen. Dies tut der angebliche Patient und plötzlich scheint der Schmerz verschwunden. Der Gauner springt auf, ~~dannkt~~ *dankt* dem vermeintlichen Doktor, tut so, als ob er ihm Geld geben würde, und verlässt das Wirtshaus. Die anwesenden Wirtshausgäste sind von der Heilkunst des angeblichen Doktors sehr beeindruckt und wollen nun auch die Wunderpillen haben, die ihnen der Tagedieb für teures Geld verkauft.

Die beiden Gauner treffen sich dann später wieder, lachen über die ~~dummheit~~ *Dummheit* der Wirtshausbesucher und freuen sich über das leicht verdiente Geld.

Seite 81 3 freie Aufgabe: Fehlerberichtigung

Lange Vokale – kurze Vokale

Lang gesprochene Vokale

Seite 82 1 waagerecht:
Graben, Lüge, Strom, schön, mutig, Glut, gut, malen, Not, Rad, Tür, Nase, Bug, grob, Hose, Kran, böse, nörgeln, Samen, langsam, Jäger, quer, Juwelen, Tat, Schwan, Kugel, Iglu

senkrecht:
turnen, Rüge, Rabe, Weg, Schal, bequem, blau, raten, roh, Schüler, Glas, fegen, oben, gegen, Hof, Rüde, Urne, Gen, Gegend

Seite 83 2 Tiger monoton Rabe Termin Jugend

Seite 83 3 **wohn-:** Wohnung, Wohnwagen, wohnen, Wohnzimmer, Wohnkomfort, Wohnqualität, Mitbewohner, bewohnt ...
fahr-: Fahrzeug, Fahrbahn, fahrbar, befahrbar, fahrtüchtig, Fahrt ...
zahl-/zähl-: Zahlenstrahl, zählen, Zahlungsmittel, bezahlen, Zählung ...

Seite 83 4 Haarkur, Staatsakt, Beetbepflanzung, Seelentröster, Saalmiete, Zoobesuch, Kaffeesatz, Meerenge, Aalangel, Beerenkuchen

Seite 84 5 Haarspange, Erdbeereis, Räucheraal, Blumenbeet, Meersalz ...

Seite 84 6 waagerecht:
dieser, Piep, Biest, Stiefel, Riegel, Tier, riechen, schief, Dieb

senkrecht:
Kopie, Krieg, Dienst, Spiegel, Mief, kriechen, Ziel, Riese, Lied, tief, Tiefe, Tier, vier

Reimwörter:
Schief – tief – Mief; Spiegel – Riegel; riechen – kriechen; Tier – vier

Seite 84 7 **Wie überleben Kaiserpinguine den antarktischen Winter?**
Der Kaiserpingu**i**n br**ü**tet in einer der kältesten Gegenden der Welt, n**ä**mlich auf dem Packeis des antarktischen M**ee**res. Dort gibt es keinen Sonnenstr**ah**l, der die Vögel wärmt. Die Männchen st**eh**en bei eis**i**ger Kälte wochenlang auf dem Eis und h**ü**ten zu ihren F**ü**ßen das Pingu**i**nei. Obw**oh**l d**ie**se V**ö**gel mit einem dichten Federkleid g**u**t

wärmegedämmt sind, würden **sie** bei fallenden Temperaturen von bis zu minus fünfzig Grad erfr**ie**ren. Damit **die**s nicht gesch**ieh**t, rücken die Pingu**i**ne ganz dicht aneinander und bilden so **riesi**ge Koloni**e**n. Die innen st**e**henden Männchen haben es am wärmsten, w**äh**rend die außen st**eh**enden Pingu**i**ne eine Schutzmauer gegen den eis**i**gen Wind bilden. Nach einiger Zeit vollz**ieh**t sich ein Wechsel: Die äußeren Pingu**i**ne rücken nach innen, w**äh**rend sich die aufgewärmten Männchen mit **ih**ren Eiern nach draußen begeben. Dank dieses außerordentlich gut funktion**ie**renden Syst**e**ms können die Kaiserpingu**i**ne den antarktischen Winter überl**e**ben.
(auch als Diktat)

Kurz gesprochene Vokale

Seite 85 1

Damm
Programm
bestimmen
Stamm
Wall
Stall
zusammen
Mutter

Seite 85 2

Sitz: Sitzplatz, sitzen, Sitzheizung, Sitzungssaal ...
Schnecke: Schneckentempo, Schneckenschleim, Schneckengift, Nacktschnecken, schneckenartig ...
backen: Backpulver, Backofen, Backzeit, Backpapier ...
Spatz: Spatzennest, Spatzenfeder, Spatzengezwitscher ...
Metzger: Metzgermeister, Metzgermeisterurkunde, Metzgereifachgeschäft ...
hacken: Hackfleisch, Hackbraten, zerhacken, Hackebeil ...
spucken: Spucknapf, Spucke ...

Seite 86 3

Stütze – Pfütze, Mütze ...
Platz – Latz, Hatz ...
Stücke – Mücke, Brücke, rücke ...
setzen – wetzen, hetzen ...
eckig – fleckig, dreckig ...

Seite 86 4

Nelke, Pelze, Kerze, Schmerz, flink, sich zanken, wanken, ranzig, Balken, März, melken, Warzen, Scherz, Kerker, Sturz, Winkel, kürzen, Park, zwanzig, schminken, Herz, Pflanze, ganz, Schalk, Enkel, Falke, einzig, grunzen, Pflanze

Seite 86 5

Infinitiv	**1. Person Plural Präsens**	**3. Person Plural Präteritum**
lenken	wir lenken	sie lenkten
tanzen	wir tanzen	sie tanzten
sich bedanken	wir bedanken uns	sie bedankten sich
stürzen	wir stürzen	sie stürzten
winken	wir winken	sie winkten

Seite 87 6

Was ist eigentlich ein Pappenstiel?
Mit Pa**pp**e hat der Pa**pp**enstiel gar nichts zu tun. Das Wort hat seinen Ursprung im niederländischen „Papenbloem", was wörtlich überse**tz**t Pfaffenblume, also Löwenzahn bedeutet. Der Stängel des Löwenzahns ist wertlos, man ka**nn** den schla**pp**en Stiel für nichts verwenden. Als Redewendungen sind beka**nn**t: „Das ist keinen Pa**pp**enstiel wert." Oder „Das habe ich für einen Pa**pp**enstiel gekauft."

We**nn** jemand Wert darauf legt, dass er nicht aus Pa**pp**e ist, da**nn** ist es ihm wichtig, zu betonen, dass er genug Kraft hat und kein Schwächling ist. Mit Pa**pp**e im Si**nn** von Karton hat diese Redewendung jedoch nur wenig zu tun. In einigen Dialekten des Deutschen sagt man auch heute noch zu Brei Pa**pp**. Wer also nicht aus Pa**pp**e ist, wurde nicht mit Brei, sondern mit Kräftigerem ernährt.

Nominalisierung/Substantivierung von Verben und Adjektiven

Seite 87 1

- Hassan bekam nach dem langen **L**aufen einen Muskelkater.
- Der Kommissar tappte bei der Lösung des Falls lange im **D**unkeln.
- Meine Mutter ist beim **F**ernsehen eingeschlafen.
- Der Dieb suchte das **W**eite, nachdem er von dem Wachhund ins Bein gebissen wurde.
- Das **K**ochen in der Schulküche machte den Kindern viel Spaß.
- Das laute **B**ellen unseres Nachbarhundes in der Nacht weckte uns alle auf.
- Das **G**rüne an der neu gestrichenen Hauswand verärgerte den Besitzer.
- Der Autofahrer fuhr bei **R**ot über die Ampel und wurde deswegen von der Polizei angehalten.
- Der Dieb wurde beim **S**tehlen im Kaufhaus ertappt und gestellt.
- Während des Regenschauers waren alle froh, im **T**rockenen zu sitzen.
- Das **S**pannende des Krimis wurde durch die Musik besonders unterstützt.
- Du hast genau ins **S**chwarze getroffen.
- Im Sommer verabredet man sich gerne zum gemütlichen **G**rillen.
- Das **B**esondere an Pauls Kostüm war sein geschminktes Gesicht.
- Zum **B**acken von Pizza kann man viele Helfer gebrauchen.
- An meinem Geburtstag lade ich meine Freunde zum **E**ssen ein.
- Meine 90-jährige Tante gab nach dem Essen einige Witze zum **B**esten.

Seite 88 2

- Das **L**ernen mit anderen macht viel mehr Spaß.
  Morgen **l**erne ich mit meiner Freundin Alina.
- Bei der Kleidersammlung kann man **n**eue Sachen und **a**lte, gut erhaltene Kleidung abgeben.
  In dem neuen Geschäft gibt es **A**ltes und **N**eues zu kaufen.
- In verkehrsberuhigten Bereichen dürfen Autos nur ganz langsam **f**ahren.
  Das **F**ahren mit einem Einrad erfordert viel Geschick.
- Nach der Schlittenfahrt freuten sich alle auf etwas **W**armes.
  An **w**armen Tagen ist das Freibad besonders voll.
- Der Angeklagte behauptete, er habe sich nicht das **G**eringste vorzuwerfen.
  Die Spieler merkten, dass die Chance, das Spiel zu gewinnen, nur sehr **g**ering war.
- Es ist gefährlich, in unbekannten Gewässern zu **s**chwimmen.
  Ich treffe mich im Sommer fast jeden Tag mit meinen Freunden im Freibad zum **S**chwimmen.
- Das häufige **H**ören von lauter Musik kann sich negativ auf das Gehör auswirken.
  Wegen des lauten Kraches, der von der Baustelle kam, konnte ich das Läuten des Telefons nicht **h**ören.
- Das **S**ummen der Wespe hörte ich erst, als sie sich zum Stechen schon auf meinen Zeh gesetzt hatte.
  Meine Schwester **s**ummte schon beim Frühstück ein Lied. Das ist bei ihr ein Zeichen für gute Laune.
- Ich bestellte mir mit meinem Freund eine Pizza zum **M**itnehmen.
  In das Hotel darf man keine Hunde **m**itnehmen.
- Meine Eltern fahren oft zum **W**andern in die Berge.
  Ich **w**andere nicht besonders gerne. Das ist mir viel zu anstrengend.
- Das **U**ngewisse macht den Reiz aus.
  Der Ausgang des Spiels blieb bis zum Schluss **u**ngewiss.

- Der Blick des Chemielehrers vor der Rückgabe des Tests verhieß nichts **G**utes.
  Elena hatte nach der Englischarbeit ein **g**utes Gefühl.
- Timo **s**chnitt sich beim Basteln so tief in den Finger, dass er genäht werden musste.
  Beim **S**chneiden von Zwiebeln fangen die Augen sehr schnell an zu tränen.
- Das **G**rüne in der Soße war Aylin unheimlich.
  Die **g**rüne Farbe des Autos gefiel mir nicht besonders.

Seite 89 3 Diese Ausdrücke müssen unterstrichen werden:
zum Heckenschneiden, Mauerkraxeln, Küsschengeben, Heiraten; zum Träumen; zum Denken; vom Richtigen

Seite 90 4

mit Artikel	mit Präposition oder/und (verkürztem) Artikel	mit Mengenangaben
– das Tollste von allen – so bleiben Sie auf dem Laufenden – nur das Beste – für die, die das Besondere schätzen – das Schönste von allen – für die Kleinsten nur das Natürliche	– damit Sie nicht im Trüben fischen müssen – eine Fahrt ins Grüne – essen vom Feinsten	– alles Gute – etwas Heißes – viel Gutes aus der Natur – öfter mal was Neues

Seite 91 5

Riesige Reptilien
Die Leistenkrokodile, die von Ceylon bis in die Regionen der Südsee hinein verbreitet sind, gelten als die **g**rößten **l**ebenden Echsen und können eine Länge von bis zu sieben Metern und ein Gewicht von bis zu einer Tonne erreichen. Diese Tiere leben vornehmlich in Flussmündungen, man kann ihnen aber auch auf dem **o**ffenen Meer begegnen. Ein solches **Z**usammentreffen kann sehr **f**urchterregend und auch **g**efährlich sein, da Leistenkrokodile fast alles **f**ressen und gegen etwas **N**eues auf dem Speiseplan nichts einzuwenden haben. Allerdings halten diese Echsen keine langen Verfolgungsjagden durch. Eine zu große Anstrengung kann das **Ü**bersäuern des Blutes und dadurch das **S**terben ein solchen Tieres zur Folge haben.

Wertvolles Papier
Briefmarken erreichen immer wieder sehr **h**ohe Preise. Die wohl **t**euerste und **b**ekannteste Briefmarke der Welt ist die Blaue Mauritius. Aber auch andere Marken erzielen **r**ekordverdächtige Preise. Eine Marke aus Schweden, die durch einen Fehldruck **g**elb statt **g**rün wurde, ist heute etwas sehr **S**eltenes und daher von **g**roßem Sammlerwert. Auch Marken, die von **b**erühmten Künstlern bemalt wurden, erzielen hohe Preise, so auch die Marke, die von dem französischen Künstler Dégas mit einer Tänzerin bemalt wurde und die vor einigen Jahren für **v**iel Geld den Besitzer wechselte. Vielleicht sollten wir auch mit dem **S**ammeln beginnen – wer weiß, ob eine der Marken nicht auch irgendwann einen Seltenheitswert hat und damit zu etwas **b**esonders **W**ertvollem wird.
(auch als Diktate)

s-Laute

Seite 92 1 Rasen, Vase, Dose, lesen

Seite 92 2 Rasen – Hasen, Vasen, rasen,
Vase – Hase, Gase, Nase
Dose – Hose, Rose, Lose
lesen – Besen, Wesen

Seite 92 3

er liest – lesen
sie niest – niesen
Fels – Felsen
Maus – Mäuse
Eis – eisig
es braust – brausen
Los – losen
Glas – gläsern

Seite 93 1

schweißen, heißen, grüßen, fleißig, schießen, Spieße, spaßig, draußen, Straße, fließen, Späße, rußig, spießig

Seite 93 2

Infinitiv	**3. Person Singular Präsens**	**3. Person Singular Präteritum**
sprießen	es sprießt	es spross
verlassen	sie verlässt	sie verließ
vergessen	er vergisst	er vergaß
fließen	es fließt	es floss
schießen	er schießt	er schoss
hassen	sie hasst	sie hasste
reißen	er reißt	er riss
passen	es passt	es passte

Seite 94 3

EIN GENUSS MIT <u>SPASS</u>
QUALITÄT DER EXTRAKLASSE
EIN <u>GROSSER</u> WAGEN FÜR WENIG GELD
WIR SCHREIBEN FITNESS GANZ <u>GROSS</u>
EIN BROT MIT BISS

Seite 94 4

Dreijähriger auf Bus-Spritztour
Zwei Stunden lang hielt ein dreijähriger Ausrei**ß**er gestern seine Eltern und die Polizei im Ungewi**ss**en. Der kleine Han**s** war am Vormittag plötzlich verschwunden, seine Mutter fand schlie**ß**lich an einer Stra**ß**enecke nur noch das verla**ss**ene Fahrrad. Wie sich später herausstelle, hatte der Knirps kurzerhand den Entschlu**ss** gefa**ss**t, ein bi**ss**chen mit einem gro**ß**en Auto zu fahren.
Seine Rei**s**e ging bis zum zentralen Busbahnhof im Zentrum der Stadt. Dort wu**ss**te Hän**s**chen nicht weiter und ging in das Büro der Verkehrsbetriebe. Von dort aus rief ein Mitarbeiter sofort die Polizei an, die bereits von den be**s**orgten Eltern informiert worden war. Auf diese Wei**s**e kam der Knirps am Schlu**ss** sogar noch in den Genu**ss** einer Fahrt in einem Polizeiwagen, bevor ihn seine Mutter wieder in die Arme schlo**ss**.

das oder dass?

Seite 95 1

- Weißt du nicht, **dass** wir heute einen Vokabeltest schreiben?
- Svenja hoffte, **dass** die Latein-Arbeit nicht zu schwer werden würde.
- **Das** neue Buch, **das** wir im Unterricht lesen, ist gar nicht so schlecht.
- Milan war verärgert darüber, **dass** Tim ihn hatte warten lassen.
- **Das** Schwimmbad wird auch im Sommer beheizt. **Das** führt dazu, **dass** viele Badegäste auch im Sommer schon frühmorgens schwimmen gehen.
- Die Anmeldungen für **das** Ferienlager, **das** dieses Jahr an einem See stattfindet, erfolgten in diesem Jahr schon sehr früh.

Seite 95 2

- Er hofft, dass er für die Arbeit genug gelernt hat.
- Tim hat beschlossen, dass er seinen Geburtstag mit seinen Freunden im Garten feiert.
- Die Klasse hat beschlossen, dass sie die Klassenreise an die Nordsee macht.
- Mein Vater befürchtet, dass er seine Geldbörse im Supermarkt liegen gelassen hat.

Seite 96 3

Der Quastenflosser

Der Quastenflosser lebte bereits vor mehr als 380 Millionen Jahren und ist damit wirklich etwas Besonderes. Forscher hielten ihn lange Zeit für ausgestorben, doch durch **das** Fangen eines Quastenflossers im Jahr 1938 vor der Küste Südafrikas war erwiesen, **dass** es diesen urtümlichen Fischen gelungen ist, fast unverändert bis in die heutige Zeit zu überleben. Zudem wurden zahlreiche Exemplare im Indischen Ozean gefangen.

Nach dem Fangen eines Quastenflossers an der indonesischen Küste fand man durch **das** Befragen der ansässigen Fischer heraus, **dass** sie diesen Fisch schon sehr lange kennen. Sie bezeichnen ihn als den König der Meere. Daher ist es wahrscheinlich, **dass** dieser Fisch auch noch in einigen anderen Gewässern vorkommt.

Der Wolf und das Schaf

Ein Schaf wurde von starkem Durst geplagt, **sodass** es an den Fluss lief, um zu trinken. Auf der unteren Uferseite stand ein Wolf aus dem gleichen Grund am Wasser. Weil **das** Schaf sich vor dem Räuber sicher wähnte, rief es höhnisch hinüber: „Herr Wolf, ich mache Ihnen doch nicht etwa **das** Wasser trübe? Habe ich Ihnen nicht vor sechs Wochen nachgeschimpft? **Das** glauben Sie nicht? – Nun, wenn ich **das** nicht war, so weiß ich doch ganz genau, **dass** es mein Vater gewesen ist." Der Wolf verstand sehr wohl, **dass das** bitterer Spott war. Doch weil der breite Fluss das freche Schaf schützte, knirschte er nur mit den Zähnen. Schließlich antwortete er: „Es ist dein Glück, **dass** wir Wölfe es gewohnt sind, mit euch Schafen Geduld zu haben." Danach ging er mit erhobenem Haupt davon, ohne **dass** er **das** Schaf noch mit einem einzigen Blick würdigte.

Zusammen- und Getrenntschreibung

Zusammensetzungen

Seite 98 1

Waagerecht: aufmachen, hindurchfahren, anrufen, innehalten, hinterherrufen, davonlaufen

Senkrecht: herabsteigen, einpacken, hinausgucken, hindurchrennen, ausgehen, herumstehen, überreden, aufpassen, hingehen, vorangehen, drinbleiben, herausgehen

Seite 98 2

Infinitiv	Partizip I	Partizip II	Form mit zu[1]
aufmachen	aufmachend	aufgemacht	Sie beabsichtigte, die Tür aufzumachen.
hindurchfahren	hindurchfahrend	hindurchgefahren	Er beabsichtigte hindurchzufahren.
anrufen	anrufend	angerufen	Er versuchte, ihn anzurufen.
innehalten	innehaltend	innegehalten	Sie rief dazu auf, innezuhalten.

hinterherrufen	hinterherrufend	hinterhergerufen	Er fand es unpassend, hinterherzurufen.
davonlaufen	davonlaufend	davongelaufen	Der Hund versuchte davonzulaufen.
herabsteigen	herabsteigend	herabgestiegen	Sie veranlasste ihn herabzusteigen.
einpacken	einpackend	eingepackt	Sie bat ihn, das Geschenk einzupacken.
hinausgucken	hinausguckend	hinausgeguckt	Das Kind versuchte hinauszugucken.
hindurchrennen	hindurchrennend	hindurchgerannt	Es gelang uns nicht hindurchzurennen.
ausgehen	ausgehend	ausgegangen	Er bat sie, mit ihm auszugehen.
herumstehen	herumstehend	herumgestanden	Sie erwartete nicht herumzustehen.
überreden	überredend	überredet	Der Schüler versuchte, die Lehrerin zu überreden.
aufpassen	aufpassend	aufgepasst	Sie bat ihn, besser aufzupassen.
hingehen	hingehend	hingegangen	Verlangst du von mir, dort hinzugehen?
vorangehen	vorangehend	vorangegangen	Sie schlug vor voranzugehen.
drinbleiben	drinbleibend	dringeblieben	Er hatte die Absicht drinzubleiben.
herausgehen	herausgehend	herausgegangen	Er wagte es nicht, aus sich herauszugehen.

[1] Zur Zeichensetzung vor Infinitivgruppen vergleiche die Seiten 114–118 im Arbeitsheft.

Seite 99 **3**

- Möchtet ihr lieber zusammen **sitzen** oder zusammen **stehen**?
  Nach dem Essen möchten die Schülerinnen noch eine Weile **zusammen**sitzen.
- Auch die Lehrer möchten noch etwas **dabei**sitzen.
  Anne möchte lieber dabei **sitzen**, Paul dabei **stehen**.
- Ich will lieber hinunter **gehen**, die Seilbahn ist mir zu gefährlich.
  Wenn ihr jetzt schon **hinunter**gehen wollt, könnt ihr das tun.
- Sollen wir hinüber **klettern** oder hinüber **springen**?
  Paul war bisher noch nicht dran, er darf jetzt auch einmal **hinüber**klettern.

Seite 99 **1**

- Das ist ja noch nie da gewesen!
- Möchtest du auch dabei sein?
- Gegen 16.00 Uhr werde ich zurück sein.
- Es ist, als wäre sie nie weg gewesen.
- Der CD-Player dürfte hinüber sein.

Verbindungen aus einem Nomen/Substantiv und einem Verb

Seite 100 **1**

Acht geben, Angst haben, Auto fahren, Diät halten, Eis essen, Fahrrad fahren, Feuer machen, Halt geben, Maß nehmen, Maß halten, Probe fahren, Rat geben, Schuld tragen, Schuld haben, Ski fahren, Tennis spielen, Walzer tanzen, Fußball spielen, Not leiden, Feuer fassen, Ski laufen ...

Seite 101 **2**

- Im kommenden Winter fahren wir zum **Skilaufen** in die Berge.
- Meine kleine Schwester möchte am liebsten den ganzen Tag **Schlitten fahren**.
- Wir müssen darauf **Acht geben**, dass wir uns nicht erkälten.
- Das **Schlangestehen** morgens am Lift gefällt vielen überhaupt nicht.
- Im Sommer möchte ich am liebsten jeden Tag **Rad fahren**.
- Zum **Fußballspielen** habe ich jedoch keine Lust.

Seite 101 **3**

- Den Menschen, die Not leiden, muss geholfen werden.
  Den Not leidenden/notleidenden Menschen muss geholfen werden.
- Einige Menschen, die Erholung suchen, lesen einfach ein Buch.
  Einige Erholung suchende/erholungsuchende Menschen lesen einfach ein Buch.
- Lehrer und Lehrerinnen, die Aufsicht führen, werden oft von Schülern umringt.
  Aufsicht führende/aufsichtführende Lehrer und Lehrerinnen werden oft von Schülern umringt.
- Kunden, die an einer Kasse Schlange stehen, müssen Geduld haben.
  An der Kasse Schlange stehende/schlangestehende Kunden müssen Geduld haben.
- Väter, die Fußball spielen, sollte man nicht stören.
  Fußball spielende/fußballspielende Väter sollte man nicht stören.

Seite 102 **4**

1. Er sollte dir nicht leidtun, er hat es nicht anders verdient.
2. Wollen wir zusammen eislaufen gehen?
3. Ich möchte lieber kopfstehen, als auf den Händen zu laufen.
4. An der Veranstaltung können leider nicht alle teilnehmen.
5. Wenn du heimkommst, steht das Essen auf dem Tisch.
6. Sie haben auch dann standgehalten, als man sie zu bestechen versuchte.
7. Ihrem Antrag wird stattgegeben.

Verbindungen aus zwei Verben

Seite 103 **1**

bestehen bleiben, sitzen bleiben, spazieren gehen, stehen bleiben, bleiben lassen, kleben bleiben, laufen lassen, hängen bleiben, gehen lassen, fallen lassen, geschenkt bekommen, gefangen nehmen, getrennt bleiben ...

Seite 103 **2**

- Wenn ihr noch länger hier **sitzen bleibt**, gehe ich schon.
- Wegen einer Panne ist unser Auto am letzten Sonntag auf der Autobahn **liegen geblieben**.
- Zum Geburtstag habe ich einen Computer **geschenkt bekommen**.
- Harzreste, die an der Kleidung **kleben bleiben**, lassen sich nur sehr schwer entfernen.
- Wir waren so begeistert von dem Theaterstück, dass wir noch 30 Minuten **sitzen geblieben** sind und geklatscht haben.
- Vor den großen Ferien findet die Polizei immer wieder **laufen gelassene** Tiere wie Hunde und Katzen, die ihren Besitzern offensichtlich im Wege waren.

Seite 104 **3**

- die Arbeit liegen lassen/liegenlassen = die Arbeit aufschieben
- den Verbrecher laufen lassen/laufenlassen = den Verbrecher entkommen lassen
- jemanden einfach stehen lassen/stehenlassen = jemandem den Rücken zukehren, nicht weiter beachten
- in der Entwicklung stehen bleiben/stehenbleiben = sich nicht weiterentwickeln
- jemanden hängen lassen/hängenlassen = jemanden im Stich lassen

Verbindungen mit einem Adjektiv

Seite 105 **1**

- Das Essen ist mir gut bekommen.
- Wahrscheinlich wird das Gericht den Angeklagten freisprechen.
- Der Schüler wurde für eine Woche vom Arzt krankgeschrieben.
- Wenn du ein Referat hältst, solltest du frei sprechen.
- Dieses Missverständnis musst du unbedingt richtigstellen.
- Den Vorschlag der SV konnte die Schulleiterin nicht gutheißen.
- Carina schlug vor, den Klassenraum rot zu streichen.
- Bei diesem Projekt sollten wir behutsam vorgehen.
- Dem Vatikan können Anträge vorgelegt werden, Personen heiligzusprechen.
- Paul kann in den neuen Schuhen nur schlecht gehen.
- Wenn es Anke weiterhin schlechtgeht, bleibt sie am Montag zu Hause.

Texte zum Üben

Seite 106 **1**

Verstehen Papageien, was sie sagen?
Graupapageien sind die sprachbegabtesten Tiere überhaupt. Jedoch ist man allgemein der Meinung, dass sie nur einfach so **daherplappern** oder Kommandos **blind ausführen**. Neue Forschungen zeigen aber, dass man Papageien auch dazu **bringen kann**, Gegenstände **richtig zu benennen**. Wenn das so stimmt, dann kann ein Papagei also doch eine geistige Verbindung zwischen einem Ding und einem Wort **herstellen**; er „weiß", was er sagt. Auf jeden Fall ist das Sprachgedächtnis von Papageien verblüffend genug. Sie können bis zu 300 Wörter in ihren Sprachschatz **aufnehmen** und auf Geheiß **wiedergeben**.

Gibt es eine Sprache, die Menschen und Tiere verstehen?
Die enge Verwandtschaft zwischen Menschen und Menschenaffen hat viele Forscher gereizt **herauszubekommen**, ob Schimpansen, Gorillas und Orang-Utans menschliche Sprachen **erlernen können**. Dazu hat man Babyschimpansen wie Menschenbabys in ausschließlich menschlicher Umgebung und ohne Kontakt mit Artgenossen aufgezogen. Allerdings stellte sich bald heraus, dass der Sprechapparat (Kehlkopf) von Schimpansen einfach keine Wörter **bilden kann**. Viel erfolgreicher waren dann Versuche, Menschenaffen die Gebärdensprache **beizubringen**. Dabei werden Wörter mit Handbewegungen (und mit Lauten) **ausgedrückt**. Die berühmte Schimpansin Washoe brachte es nach fünf Jahren Unterricht auf 130 Wörter, die sie zu ganzen Sätzen **kombinieren konnte**. Washoe war in der Lage, bestimmte Wünsche zu äußern, **mitzuteilen**, ob sie traurig war oder froh, und sie konnte sogar Besucher **ausdrucksstark beschimpfen**. Noch weiter fortgeschritten ist die Verständigung zwischen dem Gorillaweibchen Koko und ihrer menschlichen Lehrerin. Koko kennt tausend Wörter aus der Gebärdensprache, von denen sie die Hälfte **regelmäßig verwendet**. Koko hat zum Beispiel zwei verschiedene Wörter für „Katze": eins für jede beliebige Katze und eins für ihr eigenes Kätzchen, das sie sehr **lieb hat**.

Seite 108 **2** Diktat

Die Zeichensetzung

Das Komma bei Ausrufen und Anreden

Seite 109 **1**

- Geben Sie mir bitte den Aktenordner, Herr Bauer.
- Igitt, das stinkt ja fürchterlich!
- Achtung, es geht schon los!
- Danke, es geht mir gut.
- Du hast richtig gut gelernt, prima.
- Sara, du könntest dein Heft etwas übersichtlicher gestalten.
- Wenn du wieder zurück bist, werde ich dich besuchen, ganz bestimmt.
- Ich werde es nicht vergessen, auf keinen Fall.
- Sie sind doch sicher auch meiner Meinung, liebe Zuhörer.
- Anke und Martin, holt ihr bitte schon einmal die Erdkundekarten.
- Leute, kauft Obst bei mir! Hier gibt es das beste, na klar.

Das Komma bei nachgestellten Erläuterungen

Seite 110 **1**

- Tiger, unser Hausdackel, frisst am liebsten Hackfleisch.
- Unser Auto, ein 15 Jahre alter „Oldtimer", muss in der nächsten Woche zum TÜV.
- Im Urlaub habe ich sehr viel Sport getrieben, vor allem Beachvolleyball und Fußball.
- Jule, meine beste Freundin, hat fast ausschließlich in der Sonne gelegen.
- Es gibt vier Himmelsrichtungen, nämlich Osten, Süden, Westen und Norden.
- Ich will dir gern behilflich sein, z. B. bei den Hausaufgaben.
- Bei unserem nächsten Treffen, also am Samstag, können wir alles in Ruhe besprechen.
- Vieles an der Ferienfreizeit hat mir gut gefallen, u. a. das Essen und das Sportangebot.
- Die U-Bahn, eines der wichtigsten Verkehrsmittel in Großstädten, fährt besonders umweltfreundlich.

Das Komma vor nebenordnenden Konjunktionen

Seite 110 **1**

- Wie schon beim ersten Durchgang am Morgen regnete es auch beim zweiten Durchgang am Nachmittag.
- Er möchte gern kommen, aber es fehlt ihm die Zeit.
- Weder die Klasse 7b noch die Klasse 7c konnten für eine Wanderung begeistert werden.
- Die Klassenlehrerinnen und die Schulleitung setzten sich jedoch durch.
- Bist du auch so begeistert von der Stadt wie ich?
- Zehn Gespanne sowie 15 Einzelreiter nahmen an der Vorführung teil.
- Einerseits kann er sich nicht entschließen, andererseits schimpft er über das fehlende Angebot.
- Ich bin heute schon größer, als Martin vor einem Jahr war.
- Martin ist aber immer noch größer als Jule.
- Ich kann dir nicht nur meinen Kompass leihen, sondern auch mein Fernglas.
- Andreas hat weder die Vokabeln gelernt noch die grammatischen Merksätze.
- Meine Großmutter sowie ihre sechs Katzen leben auf einem alten Bauernhof.
- Viele Menschen kümmern sich weder um ihre eigene Gesundheit noch um die ihrer Mitmenschen.
- Du musst dich entweder für die eine Seite oder für die andere entscheiden.
- Mich interessiert sehr, wie es dir geht.

- Du musst dich jetzt zu einer Entscheidung durchringen oder du wirst für lange Zeit unbeschäftigt sein.
- Der Ring war sowohl an der Oberfläche als auch innen stark zerkratzt.
- Teils war ihm das Wetter ein Hindernis, teils seine fehlende Ausdauer.

Das Komma in Satzgefügen

Seite 112 **1**

- Sagst du mir, worüber du dich besonders freuen würdest?
- Als die Jugendgruppe das Zeltlager erreichte, war es bereits dunkel.
- Der Jugendleiter, der die Route vorausberechnet hatte, hatte sich verschätzt.
- Manchmal wusste die Gruppe nicht, in welche Richtung sie gehen sollte.
- Wenn die Jugendlichen nicht einen Förster getroffen hätten, hätten sie vielleicht im Wald übernachten müssen.
- Für diejenigen, die keine geeignete Kleidung trugen, wäre das schlimm geworden.

Seite 112 **2**

- Ich habe nichts dagegen, wenn du die Entscheidung, die du getroffen hast, widerrufst.
- Denke aber daran, dass es für dich von Nachteil sein kann, wenn du zu lange zögerst.
- Es gibt genügend Personen, die sich darüber, dass du zurücktrittst, freuen würden.
- Überlege also, welche Folgen es haben könnte, wenn du noch einen Tag mit deiner Entscheidung wartest.
- Wenn du es dir anders überlegst, musst du mich jedoch schnell informieren, damit ich mich auf das, was dann auf mich zukommt, vorbereiten kann.

Seite 112 **3**

Niemand bürgt für Mona Lisa

Das wertvollste Gemälde der Welt hat keinen Preis, weil man es nicht kaufen kann. Es ist die „Mona Lisa" von Leonardo da Vinci. Sie hängt im berühmten Louvre in Paris. Als das Bild von Dezember 1962 bis März 1963 in New York und Washington ausgestellt werden sollte, wurde sein Wert von einer Versicherung auf 100 Millionen Dollar geschätzt. Letztendlich wurde aber doch keine Versicherung abgeschlossen, da selbst die aufwändigsten Sicherheitsmaßnahmen noch immer billiger waren als die riesige Versicherungsprämie.

Die Marsmenschen sind mitten unter uns

Im Jahr 1938 glaubten viele Amerikaner allen Ernstes, dass Menschen vom Mars auf der Erde gelandet seien. Was war geschehen? Ohne jegliche Vorankündigung wurde im Radio das Hörspiel „Der Krieg der Welten" von Orson Welles ausgestrahlt. Es handelt davon, dass die Erde von Marsbewohnern heimgesucht wird.
Die Sendung war derart realitätsgetreu gemacht, dass viele Hörer von einer Invasion vom Mars überzeugt waren. Die realistische Wirkung wurde dadurch erzielt, dass die Radiosendung immer wieder durch einen Nachrichtensprecher unterbrochen wurde. Gesteigert wurde der Effekt noch dadurch, dass angebliche Live-Interviews gesendet wurden, in denen Augenzeugen von den Marsmenschen berichteten.
Die Folge dieser „Informationen" war eine Massenpanik in der Bevölkerung, da viele Menschen möglichst schnell die Städte verlassen wollten.

Das Komma vor Infinitivgruppen

Seite 114 **1**

- Erinnerst du mich daran, den Wecker zu stellen?
- Bei dem Versuch, den Zaun zu übersteigen, verletzte er sich leicht.
- Ich bedaure es sehr, dich nicht mehr gesehen zu haben.
- In zu großen Klassen hat ein Lehrer nur begrenzt die Chance, seine Schülerinnen

und Schüler einzeln zu fördern.
- Der Gedanke, dich erst in einem Monat wiederzusehen, macht mich ein wenig traurig.
- Er startete den Versuch, sich nur noch gesund zu ernähren.
- Unter der Voraussetzung, die Hütte kostenlos zur Verfügung gestellt zu bekommen, kann ich mir ein Sommerfest gut vorstellen.
- Er freute sich darauf, seine Schwester wiederzusehen, und war deshalb schon sehr früh am Bahnhof.
- Die Lehrerin bat die Klasse darum, etwas leiser zu sein.
- Der Klassenlehrer deutete die Möglichkeit an, den nächsten Wandertag ausfallen zu lassen.

Seite 115 2

- Der Lehrer forderte die Schülerinnen und Schüler auf(,) etwas schneller zu gehen.
- Der Lehrer forderte die Schülerinnen und Schüler **dazu** auf, etwas schneller zu gehen.

- Jule hat den Wunsch, **während** der Ferien bei ihrem Freund in Leipzig zu sein.
- Lukas beabsichtigt(,) die Ferien bei seinem Freund in Weimar zu verbringen.

- Ich habe vergessen(,) die Hausaufgaben zu machen.
- Ich habe nicht **daran** gedacht, die Hausaufgaben zu machen.

- Er ermahnte sie(,) nicht so leichtsinnig zu sein.
- Er ermahnte sie **dazu**, nicht so leichtsinnig zu sein.

- Jonas versprach **es**, nicht mehr ohne Helm zu fahren.
- Jonas versprach(,) nicht mehr ohne Helm zu fahren.

- Der Klassensprecher meinte(,) auf den Wandertag verzichten zu können.
- Die Klasse war überhaupt nicht der **Meinung**, auf den Wandertag verzichten zu können.

Seite 116 1

- Er nahm das Geschenk an, ohne sich zu bedanken.
- Anstatt immer vor dem Fernseher zu sitzen, solltest du lieber Sport treiben.
- Sie fuhr, um sich zu erholen, in die Schweiz.
- Für Mika gibt es nichts Schöneres, als in die Berge zu fahren.
- Er hatte, außer faul auf dem Bett zu liegen, zu nichts Lust.
- Wir müssen uns unbedingt treffen, um das Referat vorzubereiten und die Aufgaben zu verteilen.
- Er sprang über den Kasten, ohne sich aufzuwärmen, und deshalb verletzte er sich.
- Es soll Schüler geben, die nichts Schöneres kennen, als eine Klassenarbeit zu schreiben.
- Ich möchte, um noch einmal auf dein Angebot zurückzukommen, dir das Fahrrad abkaufen.
- Anstatt so lange zu warten, hätte ich mich schon viel früher entscheiden sollen.

Seite 116 2

- Er wärmte seine Muskeln auf, um sich nicht zu verletzen.
- Der Autofahrer verließ den Parkplatz, ohne sich um den Schaden zu kümmern.
- Die Schülerin überquerte, ohne auf die rote Ampel zu achten, die Straße.
- Um so etwas zu verhindern, wird in vielen Schulen „Verkehrserziehung" unterrichtet.
- Unter der Voraussetzung, die Jugendherberge vorher besichtigen zu können, stimmten wir dem Vorschlag zu.
- Ich beeile mich, um fertig zu werden.
- Erinnerst du mich daran, noch einzukaufen?

Seite 117 **3** **Missverständnis**

Der Angestellte bittet um eine Gehaltserhöhung: „Bei dem geringen Lohn bin ich nicht in der Lage, große Sprünge zu machen!" „Ich habe Sie auch nicht dazu eingestellt, als Känguru durch die Lagerhalle zu hüpfen!", entgegnet sein Chef.

Spinat mit Ei

Der Koch ruft die neue Kellnerin zu sich: „Warum haben Sie denn auf die neue Speisekarte Speinat geschrieben?" „Sie waren es doch, der von mir verlangt hat(,) Spinat mit ei zu schreiben!", entgegnet diese.

Aus der Zeitung

Am PKW eines jungen Mannes hatten in der Nacht von Freitag auf Samstag auf dem Schützenplatz in Paderborn unbekannte Übeltäter zwei Reifen zerstochen. Das hinderte den jungen Mann jedoch nicht daran, dennoch mit dem Auto nach Hause zu fahren. Auf den Felgen rollend machte er sich auf den Heimweg. Besucher des Schützenfestes hatten vergebens versucht(,) ihn davon abzuhalten. Erst der Polizei gelang es, den Fahrer zu stoppen. Die Weiterfahrt trat der Mann in einem Fahrzeug mit vier intakten Reifen an, nämlich in einem Polizeiwagen. Ein Alkoholtest hatte ergeben, dass der Mann zu viel getrunken hatte. Nun hat er die Möglichkeit, sein Auto ganz in Ruhe reparieren zu lassen. Die Hoffnung, seinen Führerschein schnell zurückzubekommen, dürfte vergebens sein.

Texte zum Üben

Seite 118 **1** **Michelangelo und die Polizei des Vatikans**

Einer der bedeutendsten Künstler der Weltgeschichte, der Italiener Michelangelo, war nicht nur ein genialer Bildhauer, Maler, Baumeister und Dichter. Er entwarf im Jahre 1505 auch die Uniformen der Schweizer Garde, der Polizisten des Vatikanstaates. Seit damals wurden die Uniformen nicht mehr modernisiert; kein Wunder, dass sie heute ebenso unpraktisch wie altmodisch-malerisch wirken.
Noch viel berühmter als seine Schneiderkünste waren jedoch Michelangelos Gemälde, zum Beispiel das „Jüngste Gericht" in der Sixtinischen Kapelle in Rom.

Wer hat Mozart umgebracht?

Einer der bedeutendsten Komponisten aller Zeiten, Wolfgang Amadeus Mozart, starb im Alter von nur 35 Jahren in bitterer Armut in Wien. Als armer Musiker wurde er in einem Massengrab bestattet, sodass seine Grabstätte bis heute unbekannt blieb. Die Umstände seines frühen Todes gaben gleich nach seinem Tod den Gerüchten reiche Nahrung. So soll Mozart von einem Rivalen, dem kaiserlichen Hofkomponisten Salieri, vergiftet worden sein. Wahrscheinlich hat Salieri dem Wunderknaben Mozart dessen zeitweisen Ruhm sowie seine Werke tatsächlich geneidet. Doch gibt es keine Beweise dafür, dass er seinen Konkurrenten ermordet hat. Die Todesursache Mozarts war wohl eher eine Infektionskrankheit.

Auch Goethe konnte irren

Johann Wolfgang von Goethe (1749–1832) war ohne jeden Zweifel einer der größten Dichter, die je gelebt haben. Er beschäftigte sich aber auch intensiv mit naturwissenschaftlichen Fragen und er glaubte sogar, dass sich sein Nachruhm nicht nur auf seine literarischen, sondern viel eher auf seine wissenschaftlichen Arbeiten gründen werde. Damit lag der Dichterfürst aber ordentlich daneben. Denn die meisten seiner wissenschaftlichen Theorien sind schlicht falsch. So steht zum Beispiel Goethes Farbenlehre, eine umfangreiche Abhandlung über Licht und Farbe, im Gegensatz zu den meisten gesicherten heutigen Erkenntnissen.
Ferner war Goethe ein Anhänger des Neptunismus. Diese Theorie besagt, dass sich die Gesteinsformen der Erde ursprünglich in den Meeren abgelagert hätten. Diese Auffassung hat sich als weitgehend falsch erwiesen. Vielmehr hatten die Anhänger des

Vulkanismus Recht. Diese Lehre geht davon aus, dass die Bildung der wichtigen Felsformationen auf die Hitze im Erdinnern zurückzuführen ist. Goethe hat den Vulkanismus als absoluten Irrglauben verspottet.

Eine Schatzgrube aus Müll – ein Bericht aus dem Jahre 1990
Plastikmüll lässt sich deshalb so schwer wiederverwerten, weil es so viele verschiedene Substanzen gibt, die beim Recycling auch verschieden behandelt werden müssen. Und wie sollte man sie auch voneinander trennen können?
Eine Möglichkeit für die Zukunft bestünde darin, den verschiedenen Kunststoffen schon bei der Herstellung eigene „Spürstoffe" beizumischen. Auf diese Weise könnten in Zukunft Roboter-Maschinen mit feinen elektronischen „Nasen" den Müll automatisch sortieren. Der gut durchmischte Plastikmüll von heute kann jedoch kaum wiederverwertet werden. Sollten wir ihn deshalb einlagern, anstatt ihn zu verbrennen oder gemeinsam mit anderem Müll zu verbuddeln? Manche Experten schlagen vor(,) Plastikmüll zunächst einmal in gewaltigen Lagern zu deponieren.
In Österreich denkt man daran, auf einer Fläche von über hundert Quadratkilometern eine zwei Meter hohe Kunststoff-Deponie anzulegen. Das wäre dann eine Art Schatzgrube für unsere Nachkommen. Sie könnten aus dem Müll wieder Erdöl gewinnen und die Kunststoffe wieder in das Produkt zurückverwandeln, aus dem sie ursprünglich hergestellt wurden. Bei einigen wenigen Kunststoffen kann man das ja heute schon machen.

Diktate für alle Gelegenheiten (S. 120–122)

Teste dein Wissen (S. 123–126)

Schreiben

Eine Inhaltsangabe
☒ wird im Präsens verfasst.
☐ wird im Präteritum verfasst.

Was leistet der Einleitungsteil einer Inhaltsangabe?
☒ Er informiert über Titel, Textart, Autor, Erscheinungsjahr.
☐ Der Leser erfährt etwas über die Lebensgeschichte des Autors oder der Autorin.
☒ Er gibt einen Handlungsüberblick.

Wie kannst du den zeitlichen und ursächlichen Zusammenhang von Handlungsteilen in einer Inhaltsangabe besonders gut wiedergeben?
☒ durch Satzgefüge
☐ durch Satzreihen
☒ durch adverbiale Bestimmungen wie *im Anschluss daran, schließlich, deshalb*

Du willst bei einer Bildbeschreibung von der Bildfläche ausgehen. Mit welchen Begriffen kannst du dabei arbeiten?
☒ Bildmittelpunkt
☐ Vordergrund
☒ linker Bildrand
☒ untere Bildhälfte

Nun möchtest du bei der Beschreibung von der Bildtiefe ausgehen. Welche Begriffe passen dazu?

❑ oberer Bildrand
☒ Hintergrund
☒ Mittelgrund
☒ Vordergrund
❑ Mittelpunkt

Wie nennt man ein Reimschema, das diese Buchstabenfolge aufweist: abab?

☒ Kreuzreim
❑ Paarreim
❑ umschließender Reim

Welcher der folgenden Begriffe beschreibt kein Metrum?

❑ Daktylus
☒ Metapher
❑ Jambus
❑ Trochäus

Grammatik

Das Demonstrativpronomen

❑ zeigt den Besitz an.
☒ weist auf einen Gegenstand oder eine Person hin.
❑ steht für Sachen und Personen.

Das Reflexivpronomen

☒ bezieht sich im Satzzusammenhang immer zurück auf das Satzglied Subjekt.
❑ weist auf einen Gegenstand oder eine Person hin.
❑ zeigt den Besitz an.

Wenn bei einer Handlung der Handelnde oder Ausführende im Mittelpunkt steht, benutzt man

☒ das Aktiv.
❑ das Passiv.

Das Passiv wird gebildet durch das Partizip II und eine gebeugte Form des Verbs

❑ haben.
❑ wollen.
☒ werden.

Bei der Umformung vom Aktiv ins Passiv wird das Akkusativobjekt des Aktivsatzes zum

☒ Subjekt des Passivsatzes.
❑ Dativobjekt des Passivsatzes.

Mit dem Konjunktiv II stellt man eine Aussage

❑ als wirklich dar.
❑ als möglich dar.
☒ als nicht möglich oder nicht wahrscheinlich dar.

Der Konjunktiv II wird häufig umschrieben mit einer Form von

❑ sollte.
❑ könnte.
☒ würde.

Wofür verwendet man den Konjunktiv I vor allem?
❑ um Wünsche auszudrücken
☒ für die indirekte Rede
❑ für Aufforderungen

Unterscheiden sich in der indirekten Rede die Konjunktiv-I-Formen nicht vom Indikativ, verwendet man
☒ den Konjunktiv II.
❑ die Befehlsformen.
❑ den Indikativ.

Eine Satzreihe besteht
❑ aus Hauptsatz und Gliedsatz.
☒ aus mindestens zwei Hauptsätzen.

Satzreihen können verbunden werden durch
☒ nebenordnende Konjunktionen.
❑ unterordnende Konjunktionen.

Ein Glied-/Nebensatz kann eingeleitet werden durch
❑ ein Adjektiv.
☒ eine unterordnende Konjunktion.
☒ ein Relativpronomen.
❑ ein Demonstrativpronomen.

Adverbialsätze übernehmen als Glied-/Nebensätze die Aufgabe von
❑ Attributen.
❑ Objekten.
☒ adverbialen Bestimmungen.

Die richtige Bezeichnung für einen Adverbialsatz, der einen Grund zum Ausdruck bringt, lautet
❑ Temporalsatz.
❑ Finalsatz.
☒ Kausalsatz.
❑ Konzessivsatz.

Ein Attribut-/Relativsatz wird eingeleitet durch
❑ eine Konjunktion.
☒ ein Relativpronomen.
❑ ein gebeugtes (flektiertes) Verb.

Rechtschreibung und Zeichensetzung

Lang gesprochene Vokale können auf folgende Weise geschrieben werden:
☒ Vokalverdopplung
☒ mit einfachem Vokal
❑ mit ck
☒ mit h als Dehnungszeichen

Hörst du nach einem kurz gesprochenen Vokal nur einen Konsonanten, wird dieser Konsonant
☒ meist verdoppelt.
❑ nicht verdoppelt.

Der stimmhaft gesprochene s-Laut wird folgendermaßen geschrieben:
❏ ss
❏ ß
☒ s

Der Ausdruck „er liest" wird mit einfachem s geschrieben, weil
☒ es verwandte Wörter mit stimmhaftem s-Laut gibt.
❏ weil ein langer Vokal vorausgeht.

Ein ss wird häufig geschrieben, wenn
❏ ein langer Vokal vorausgeht.
❏ ein stimmhafter s-Laut zu hören ist.
☒ ein kurzer Vokal vorausgeht.

Das Wort *dass* ist immer
☒ eine Konjunktion.
❏ ein Relativpronomen.
❏ ein Artikel.
❏ ein Demonstrativpronomen.

Werden Präpositionen mit einem Verb verbunden,
☒ wird der Ausdruck meistens zusammengeschrieben.
❏ liegt die Betonung auf dem letzten Wortbestandteil.
☒ liegt die Betonung auf dem ersten Wortbestandteil.

Verbindungen aus einem Nomen/Substantiv und einem Verb werden
❏ meistens zusammengeschrieben.
☒ meistens getrennt geschrieben.

Wie werden Verbindungen aus zwei Verben geschrieben?
❏ in der Regel zusammen
☒ in der Regel getrennt

Verbindungen aus einem Adjektiv und einem Verb werden zusammen geschrieben, wenn
☒ eine neue Bedeutung entsteht.
❏ das Adjektiv erweitert ist.
❏ das Adjektiv aus einem Nomen/Substantiv gebildet worden ist.

Warum wird in dem Satz „Ach, das ist aber schade!" ein Komma gesetzt?
☒ Es handelt sich um einen Ausruf, der vom übrigen Satz abgetrennt wird.
❏ Es handelt sich um eine Apposition, die vom übrigen Satz abgetrennt wird.

Welche nebenordnenden Konjunktionen werden durch ein Komma abgetrennt? Zeichne das Komma, wenn möglich, auch an der richtigen Stelle ein.
❏ und
☒ aber
☒ nicht nur, sondern auch
❏ entweder oder
❏ sowohl als auch

Zwischen Hauptsatz und Glied-/Nebensatz steht immer
☒ ein Komma.
❏ ein Punkt.
❏ ein Doppelpunkt.

Infinitivgruppen werden durch Komma abgetrennt,
☒ wenn ein Wort im übergeordneten Satz darauf hinweist.
❏ wenn sie eine Aufzählung enthalten.
☒ wenn sie mit *um, ohne, statt, anstatt, außer, als* eingeleitet werden.

A Was wird von mir verlangt?

1 *Kreuze die richtigen Aussagen an.*

Ich muss ...

- ☐ ... ein Pangolin beschreiben.
- ☐ ... Haupt- und Nebensätze unterscheiden können.
- ☐ ... erläutern, warum das Pangolin ein Einzelgänger ist.
- ☐ ... Kommas richtig setzen können.
- ☐ ... Satzschemata zu jedem Satz anfertigen.
- ☐ ... Adverbialsätze unterscheiden und benennen können.
- ☐ ... Kommas nach Gefühl setzen.

B Vorwissen aktivieren

1 *Rufe dir in Erinnerung, worin sich Hauptsätze von Nebensätzen unterscheiden. Kreuze dazu an, was für Haupt- und Nebensatz jeweils zutrifft.*

	Hauptsatz	Nebensatz
das finite (gebeugte) Verb steht immer am Ende.	☐	☐
muss mindestens Subjekt und Prädikat haben	☐	☐
kann (in der Regel) nicht allein stehen	☐	☐
das Prädikat steht meistens an zweiter Satzgliedstelle	☐	☐
wird durch eine Konjunktion oder ein Relativpronomen eingeleitet	☐	☐
kann allein stehen	☐	☐

2 *Formuliert einen Merksatz zu den Adverbialsätzen, indem ihr die Lücken mit den Begriffen aus dem Wortspeicher ergänzt:*

Wortspeicher
Satzgefüge
Temporal
Komma
Nebensätze
obwohl
wenn
Grund
Folge

Im ________________ müssen Haupt- und Nebensatz immer durch ein ____________ abgetrennt werden. ________________ sind häufig **Adverbialsätze**, die z. B.

- ☐ den ________________ (→ Kausalsatz): *weil, da ...*,
- ☐ die Zeit (→ ________________satz): *als, wenn, seit, nachdem ...*,
- ☐ die Bedingung (→ Konditionalsatz): ________________, *falls ...*,
- ☐ den Zweck (→ Finalsatz): *damit* oder
- ☐ die ________________ (→ Konsekutivsatz): *sodass, so ... dass ...* oder
- ☐ den Gegengrund (→ Konzessivsatz): ________________, *wenn ... auch* angeben.

C Einen Arbeitsplan erstellen

1 *Nummeriere die folgenden Arbeitsschritte in einer für dich sinnvollen Reihenfolge.*

a) ☐ Ich löse Aufgabe 4 (Seite 52), indem ich mir zunächst sinnvolle inhaltliche Ergänzungen überlege, die ich dann in einem entsprechenden Adverbialsatz formuliere.

b) ☐ Ich führe bei den angegebenen Sätzen die Frageprobe durch, um die Art des Adverbialsatzes zu ermitteln.

c) ☐ Ich lese den Text noch einmal gezielt auf Konjunktionen hin durch, da diese als Signalwörter auf Nebensätze verweisen.

d) ☐ Ich prüfe bei den Teilsätzen in den Satzgefügen, ob es sich dabei um Haupt- oder Nebensätze handelt, indem ich auf die Satzgliedstellung des Prädikats achte.

e) ☐ Ich stelle die wesentlichen Merkmale des Pangolins zusammen und beschreibe das Tier in 3–4 Sätzen.

f) ☐ Ich lese den Text über das Pangolin genau, um den Inhalt zu erfassen.

D Übungen

1 *Im folgenden Text fehlen die Kommas vor den Adverbialsätzen. Setze die fehlenden Kommas und bestimme die Adverbialsätze. Gehe dazu Schritt für Schritt vor.*
a) Suche zunächst alle Prädikate im Text und unterstreiche sie.
b) Umkreise dann die Konjunktionen.
c) Setze nun alle fehlenden Kommas, die zwischen Hauptsatz und Adverbialsatz stehen.
d) Zum Schluss kannst du am Rand benennen, um welche Art von Adverbialsatz es sich handelt.

Als sich Wissenschaftler näher mit der bis dahin eher unbekannten Tierart beschäftigten, machten sie erstaunliche Entdeckungen bezüglich deren Nahrungsaufnahme. Weil die Nahrung der Pangoline vorwiegend aus Ameisen und Termiten besteht suchen diese Tiere gezielt auf dem Boden nach Nahrung. Mit den Krallen der Vorderfüße brechen sie außerdem die Baumrinde oder Tierbauten auf damit sie mit ihrer langen, klebrigen Zunge daraus ihre Beute herausfischen können. Pangoline haben keine Zähne sodass sie ihre Beute auch nicht zerkauen können.
Wenn sie Ameisen und Termiten als Ganzes hinunterschlucken so bedeutet dies dass sie erst im Magen zermahlt und verdauungsfertig zerkleinert werden.

Temporalsatz ______________________

2 *a) Hier siehst du jeweils zwei aufeinanderfolgende Hauptsätze. Verknüpfe sie mit Hilfe einer Konjunktion zu einem Satzgefüge aus Hauptsatz und Adverbialsatz. Es sind mehrere Lösungen möglich.*
b) Schreibe dazu, um welche Art von Adverbialsatz es sich jeweils handelt.

TIPP
Adverbialsätze erkennst du daran, dass sie mit einer unterordnenden Konjunktion eingeleitet werden.

Beispiel: Pangoline sehen aus wie große Tannenzapfen. Ihr Körper ist mit Schuppen bedeckt.
→ Pangoline sehen wie große Tannenzapfen aus, weil ihr Körper mit Schuppen bedeckt ist. (Kausalsatz)

Pangoline sind nachtaktive Tiere. Die Tage verbringen sie in selbst gegrabenen Erdbauten.

Manchmal übernehmen Pangoline die Erdbauten von tagaktiven Tieren. Diese Tiere sind den ganzen Tag über unterwegs.

Pangoline haben einen sehr kräftigen Schwanz. Er kann auch als Greifschwanz zum Klettern genutzt werden.

3 *Schreibe nun die Klassenarbeit auf Seite 52.*

E Checkliste für die Überarbeitung der Klassenarbeit

1 *Prüfe am Ende deine fertige Klassenarbeit mit Hilfe der folgenden Checkliste. Überarbeite die Punkte der Liste, die du mit „nein" angekreuzt hast.*

☑ Checkliste

ja	nein	
☐	☐	Habe ich alle Aufgaben lückenlos und vollständig bearbeitet?
☐	☐	Habe ich meine Antworten auf Rechtschreibung und Zeichensetzung hin überprüft?
☐	☐	Habe ich meine Antworten verständlich und stilistisch gut formuliert?
☐	☐	Habe ich an allen Stellen auf Lesbarkeit meiner Schrift und Sauberkeit der Darstellung geachtet?

11 Teste dein Wissen! – Vorbereitung auf den Kompetenztest

Die Aufgaben in diesem Kapitel geben dir die Möglichkeit zu zeigen, was du in der 7. Klasse in Deutsch gelernt hast.

Aufgabe 1: Einen lyrischen Text verstehen

1 *Lies den Text aufmerksam.*

Bertolt Brecht

... von den Seeräubern (1918)

Von Branntwein toll und Finsternissen!
Von unerhörten Güssen naß!
Vom Frost eiskalter Nacht zerrissen!
Im Mastkorb, von Gesichten blaß!
Von Sonne nackt gebrannt und krank!
(Die hatten sie im Winter lieb)
Aus Hunger, Fieber und Gestank
Sang alles, was noch übrig blieb:
Oh Himmel, strahlender Azur[1]!
Enormer Wind die Segel bläh!
Laßt Wind und Himmel fahren! Nur
Laßt uns um Sankt Marie die See!

Kein Weizenfeld mit milden Winden
Selbst keine Schenke mit Musik
Kein Tanz mit Weibern und Absinthen[2]
Kein Kartenspiel hielt sie zurück.
Sie hatten vor dem Knall das Zanken
Vor Mitternacht die Weiber satt:
Sie lieben nur verfaulte Planken
Ihr Schiff, das keine Heimat hat.
Oh Himmel, strahlender Azur [...]

Mit seinen Ratten, seinen Löchern
Mit seiner Pest, mit Haut und Haar
Sie fluchten wüst darauf beim Bechern
Und liebten es, so wie es war.
Sie knoten sich mit ihren Haaren
Im Sturm in seinem Mastwerk fest:
Sie würden nur zum Himmel fahren
Wenn man dort Schiffe fahren läßt.
Oh Himmel, strahlender Azur [...]

Sie häufen Seide, schöne Steine
Und Gold in ihr verfaultes Holz
Sie sind auf die geraubten Weine
In ihren wüsten Mägen stolz.
Um dürren Leib riecht toter Dschunken[3]
Seide glühbunt nach Prozession
Doch sie zerstechen sich betrunken
Im Zank um einen Lampion.
Oh Himmel, strahlender Azur [...]

Sie morden kalt und ohne Hassen
Was ihnen in die Zähne springt
Sie würgen Gurgeln so gelassen
Wie man ein Tau ins Mastwerk schlingt.
Sie trinken Sprit bei Leichenwachen
Nachts torkeln trunken sie in See
Und die, die übrig bleiben, lachen
Und winken mit der kleinen Zeh:
Oh Himmel, strahlender Azur [...]

1 **Azur:** *(frz.)* Himmelsblau
2 **Absinth:** *(griech.)* Wermutbranntwein
3 **Dschunke:** chinesisches Segelschiff

Doch eines Abends im Aprile
Der keine Sterne für sie hat
Hat sie das Meer in aller Stille
Auf einmal plötzlich selber satt.
Der große Himmel, den sie lieben
Hüllt still in Rauch die Sternensicht
Und die geliebten Winde schieben
Die Wolken in das milde Licht.
Oh Himmel, strahlender Azur [...]

Der leichte Wind des Mittags fächelt
Sie anfangs spielend in die Nacht
Und der Azur des Abends lächelt
Noch einmal über schwarzem Schacht.
Sie fühlen noch, wie voll Erbarmen
Das Meer mit ihnen heute wacht
Dann nimmt der Wind sie in die Arme
Und tötet sie vor Mitternacht.
Oh Himmel, strahlender Azur [...]

Noch einmal schmeißt die letzte Welle
Zum Himmel das verfluchte Schiff
Und da, in ihrer letzten Helle
Erkennen sie das große Riff[4].
Und ganz zuletzt in höchsten Masten
War es, weil Sturm so gar laut schrie
Als ob sie, die zur Hölle rasten
Noch einmal sangen, laut wie nie:
Oh Himmel, strahlender Azur!
Enormer Wind die Segel bläh!
Laßt Wind und Himmel fahren! Nur
Laßt uns um Sankt Marie die See! R

4 **Riff:** Felsklippe im Meer

2 *Um welche Gedichtform handelt es sich hier?*

Das Gedicht ist ...

a) ☐ ... ein Sonett
b) ☐ ... ein Prosagedicht
c) ☐ ... eine Ballade
d) ☐ ... ein Haiku

3 *Nenne drei typische Merkmale dieser Textart.*

a) ______________________________

b) ______________________________

c) ______________________________

4 *Im dritten und vierten Vers der Strophe sieben verändert sich die geschilderte Kulisse.*

a) Was ist gemeint mit „schwarzem Schacht" in den Versen: „Und der Azur des Abends lächelt / Noch einmal über schwarzem Schacht"?

____

____

b) Um welches sprachliche Bild handelt es sich bei dem Ausdruck „Dann nimmt der Wind sie in die Arme"? (Vers 7)

____

5 *Was ist das Thema des Gedichts? Kreuze die passende Formulierung an.*

a) ☐ Verherrlichung des freien Seeräuberlebens
b) ☐ Infragestellung des Lebenswandels von Seeräubern
c) ☐ anschauliche Darstellung der Lebensweise von Seeräubern
d) ☐ beispielhafte Veranschaulichung dafür, dass niemand unbezwingbar ist

Aufgabe 2: Den Inhalt des Gedichts wiedergeben

1 *Du hast die Aufgabe, eine Inhaltsangabe zu „… von den Seeräubern" zu schreiben.*
a) Welches Tempus musst du in einer Inhaltsangabe verwenden?

In einer Inhaltsangabe verwendet man das _________________________________.

b) Welche der folgenden Aussagen über das Verfassen einer Inhaltsangabe stimmen? Kreuze die richtigen an.

Bei einer Inhaltsangabe achte ich darauf, dass ...

a) ☐ ich meinen Leser möglichst ausführlich über den Text informiere.

b) ☐ ich sachlich und präzise die Haupthandlung wiedergebe.

c) ☐ ich wörtliche Rede vermeide.

d) ☐ ich meine Inhaltsangabe spannend gestalte und den Leser damit neugierig auf das Gedicht mache.

c) Formuliere einen Einleitungssatz für deine Inhaltsangabe. Wenn du nicht mehr sicher bist, welche Informationen in den Satz sollen, schlage auf der *▷ Umschlagseite U2 nach.*

____

____

____

2 *Schreibe die Inhaltsangabe des Gedichts in dein Heft. Formuliere am Ende der Arbeit knapp deine eigene Meinung.*

Aufgabe 3: Fragen zu einem Sachtext beantworten

Moderne Piraterie: Seeräuber an den Küsten Somalias

von Marlen Schott

Piraterie ist nie ausgestorben, überall auf der Welt werden Schiffe von Seeräubern überfallen, ausgeraubt und entführt. Das Ende des Kalten Krieges im Jahr 1990 hat auch die Möglichkeiten der modernen Piraterie erweitert. Bis zu diesem Zeitpunkt waren großflächige Gebiete der Meere aufgeteilt in West (USA) und Ost (Russland). Zahlreiche militärische Schiffe waren in den Gewässern unterwegs und die Piraten hatten wenige Chancen zu entkommen.

Mit dem Abrüsten der Großmächte gab es auch immer weniger Marine und mehr „rechtsfreien Raum" in den Weltmeeren. Die Schifffahrt wächst von Jahr zu Jahr weiter an, da 90 Prozent aller Handelsgüter auf dem Schiffsweg transportiert werden. Eine geradezu „hoffungsvolle Aussicht" für viele Menschen, die sehr arm sind und nichts besitzen, ist es also, Schiffe zu kapern. Speziell in Küstennähe von Ländern, in denen es keine gefestigte Regierung gibt und bürger-

kriegsähnliche Zustände herrschen, ist der Zuwachs der Piraterie auffällig.
Es gibt verschiedene Gebiete auf der Welt, die besonders stark betroffen sind. Vor allem ist es die Verarmung der Bevölkerung, die die Menschen dazu treibt, Schiffe zu kapern. Schnell entsteht daraus eine „organisierte Kriminalität" – oder „Wirtschaftskriminalität": Banden oder gar ganze Syndikate (kriminelle Vereinigungen) bilden sich und gehen nach Mafia-Methoden vor.
Bis vor einigen Jahren wurden Schiffe meist beraubt und die Ware wurde zu Geld gemacht. Doch allmählich hat die Entwicklung eine Wende genommen und viele der Banden setzen mehr denn je auf Entführung und Erpressung. Gezielt werden Schiffe auserkoren, die überfallen werden, um dann Geld von der jeweiligen Reederei zu erpressen, damit die Besatzung am Leben bleiben darf und das Schiff zurückgegeben wird.
Dass hinter den Überfällen mächtige Personen stecken, die diese organisiert planen, ist offensichtlich. Die Piraten sind mit teuren Waffen und Techniken ausgerüstet – wie Satellitentelefonen, Schnellbooten oder Maschinengewehren. Die Drahtzieher sind dabei in der ganzen Welt verteilt. Sie organisieren Ausbildungscamps und schulen die zukünftigen Piraten. Außerdem engagieren sie Mittelsmänner, die bei Entführungen die Zahlungsbedingungen aushandeln, und kassieren kräftig mit.
Schon lange ist bekannt, dass einer der gefährlichsten Seewege der des Suezkanal ist. Somalische Piraten machen bis zu 250 Seemeilen rund um ihre Küsten die Gewässer unsicher. Die Anrainerstaaten des Kanals fürchten, der Seeweg könnte durch die Piraterie an Bedeutung verlieren, da bereits mehrere große Reedereien angemeldet haben, alternative Routen zu suchen.
Vorwiegend wird der Kanal von Schiffen genutzt, die zwischen Asien und Europa hin und her fahren. Er ist die kürzeste Verbindung, denn die Schiffe müssten sonst ganz Afrika umfahren, was sehr kosten- und zeitaufwändig wäre. Da viele der Frachtschiffe voll beladen sind, bewegen sie sich nur langsam fort – ein optimales Ziel für die Piraten, die mit ihren schnellen kleinen Booten die schwerfälligen Giganten ansteuern und sie brutal in ihre Gewalt bringen. Wer sich wehrt, muss damit rechnen, dass die Piraten bis zum Äußersten gehen und dass sie teilweise auch vor Gewalttaten und Mord nicht zurückschrecken, um ihr Ziel zu erreichen.
Unter anderem die Flüchtlingshilfsorganisation der Vereinten Nationen hat die einseitige Sicht der westlichen Länder kritisiert – auch die Darstellung des Problems der Piraterie in Zeitungen und Nachrichten. Die Tragödie unzähliger Flüchtlinge werde dabei völlig außer Acht gelassen. Denn hunderttausende Menschen aus den afrikanischen Gebieten – vor allem Somalias – versuchen seit Jahren, vor Armut, Krieg und Gewalt in ihrem Land zu fliehen.
In Somalia gibt es seit fast 20 Jahren keine funktionierende Regierung mehr. Chaos und Bürgerkrieg herrschen im Land. Die Lebenserwartung ist sehr niedrig, jedes vierte Kind wird nicht einmal fünf Jahre alt. Bittere Armut bestimmt das Land. An der Küste Somalias sind Piraten willkommen, sie werden als Helden und auch als „vertrauenswürdige Geschäftsmänner" gesehen. Viele Kinder haben nicht die Möglichkeit, zur Schule zu gehen. Immer mehr junge Menschen wollen sich als Piraten schulen lassen. Ein Teufelskreis: Die kriminellen Errungenschaften heizen den Bürgerkrieg in Somalia weiter an, und noch mehr völlig verarmte Somalis werden dazu getrieben, sich Piratenbanden anzuschließen.

www.helles-koepfchen.de

TIPP

Bei der **Auswertung eines Sachtexts** liest du den Text am besten zweimal aufmerksam durch:
- ☐ ein erstes Mal, um dir einen Überblick zu verschaffen,
- ☐ ein zweites Mal, um Markierungen und Randbemerkungen an auffallenden und zentralen Textstellen anzubringen.

1 *Welche Gründe veranlassen Menschen dazu, Schiffe zu überfallen?*
Kreuze an, ob folgende Aussagen richtig oder falsch sind.

	richtig	falsch
a) Viele Menschen leben in Armut und sehen in der Piraterie die einzige Hoffnung, ihre Situation zu verbessern.	☐	☐
b) Viele Menschen suchen in ihrem Leben Abenteuer und Nervenkitzel.	☐	☐
c) Für viele Menschen ist die Beute zum Greifen nahe, weil immer mehr Güter auf dem Seeweg transportiert werden.	☐	☐
d) In vielen Ländern gibt es keine funktionierende Regierungen, die das strafbare Handeln der Piraterie verfolgen.	☐	☐

2 *Was ist damit gemeint, dass hinter der Piraterie organisiertes Verbrechen stehe? Kreuze an, ob folgende Aussagen richtig oder falsch sind.*

	richtig	falsch
a) Mächtige Personen im Hintergrund finanzieren die Ausrüstung armer Somalier mit teuren Waffen und aufwändiger Technik.	☐	☐
b) Die Piraten müssen sich bei den Überfällen organisieren und ihr Vorgehen genau absprechen.	☐	☐
c) Mittelsmänner werden eingesetzt, die Zahlungsbedingungen nach Entführungen aushandeln.	☐	☐
d) Drahtzieher im Hintergrund bilden in Ausbildungscamps zukünftige Piraten aus, die für sie arbeiten.	☐	☐
e) Hintermänner wählen die Schiffe aus, die überfallen werden sollen, weil sie eine wertvolle Fracht an Bord haben.	☐	☐
f) Alle Piraten sind Mitglieder der Piraten-Partei.	☐	☐

3 *In der linken Spalte siehst du fünf Fremdwörter und Fachbegriffe aus dem Text. Ordne sie den Bedeutungen zu, die auf der rechten Seite stehen. Ziehe Verbindungslinien.*

militärisch (Zeile 9)	sich etwas aneignen
Marine (Zeile 16)	Schifffahrtsunternehmen
kapern (Zeile 24)	Streitkräften angehörend
Anrainerstaaten (Zeile 55)	alle Seeschiffe eines Staats und ihre Besatzungen
Reederei (Zeile 40)	angrenzende Länder

TIPP

- ☐ Um die Bedeutung eines Wortes zu klären, hilft dir oft der Textzusammenhang, in dem das Wort verwendet wird.
- ☐ Schlage erst dann in einem Wörterbuch nach, wenn du die Bedeutung eines Wortes auch beim zweiten Lesen nicht aus dem Textzusammenhang erschließen kannst.

Aufgabe 4: Begründet Stellung nehmen

1 *Nenne drei Gründe, die belegen, warum sich moderne Piraterie überall auf der Welt hält.*

1. Grund: ______________________________

2. Grund: ______________________________

3. Grund: ______________________________

2 *Formuliere in einem Satz, inwiefern für viele sehr arme Menschen in der Piraterie eine „hoffnungsvolle Aussicht" besteht.*

____

____

____

3 *Was ist gemeint mit der „einseitigen Sicht der westlichen Länder", die von der Flüchtlingsorganisation der Vereinten Nationen angeprangert wird?*
a) Suche die zitierte Stelle im Text und gib die entsprechenden Zeilen an: __________
b) Erkläre in eigenen Worten.

____

____

4 *Nimm Stellung zu der Behauptung, dass vielen jungen Menschen in Somalia kaum eine andere Möglichkeit bleibt, als sich als Pirat ausbilden zu lassen.*
a) Beschreibe in eigenen Worten, welcher „Teufelskreis" (Z. 90) sich dadurch auftut.

____

____

b) Überlege dir, welche Meinung du bei dem Thema vertrittst. Schreibe diese in Stichworten auf.

____

____

c) Führe mindestens drei Argumente an, die deine Position belegen. Führe auch Belege und Beispiele für deine Argumente an.

Argument 1: __________

____

Argument 2: __________

____

Argument 3: __________

____

TIPP
Bei einer **begründeten Stellungnahme** sollst du deine Position zu einer Streitfrage darlegen. Beachte dabei, dass du nur dann überzeugen wirst, wenn du deine Meinung mit Argumenten begründen kannst.

5 *Schreibe nun deine begründete Stellungnahme ins Heft.*

Aufgabe 5: Aktiv und Passiv unterscheiden

1 *Lies noch einmal den Abschnitt Z. 35–42 auf S. 59. Kreuze dann in der Tabelle an, ob es sich bei den Sätzen um einen Aktiv- oder Passivsatz handelt.*

Beispielsatz	Aktiv	Passiv
Schiffe wurden beraubt.	☐	☐
Ware wurde zu Geld gemacht.	☐	☐
Die Entwicklung hat eine Wende genommen.	☐	☐
Viele der Banden setzen mehr denn je auf Entführung und Erpressung.	☐	☐
Schiffe werden gezielt auserkoren.	☐	☐

2 *Setze die folgenden Sätze ins Passiv.*

a) Die Piraten bedrohen die Handelsschiffe am Suezkanal.

____

____

b) Diesen Seeweg haben seit Jahren die Reedereien genutzt, weil er die kürzeste Verbindung zwischen Asien und Europa ist.

____

____

____

c) Innerhalb eines Jahres griffen die Piraten fast hundert Schiffe an.

____

____

3 *Welche der Aussagen zu Aktiv und Passiv trifft zu und welche nicht? Kreuze an.*

	trifft zu	trifft nicht zu
a) Aus dem Objekt des Aktivsatzes wird im Passivsatz das Subjekt.	☐	☐
b) Passivsätze sind grundsätzlich komplizierter als Aktivsätze.	☐	☐
c) Nicht jeder Aktivsatz kann in einen Passivsatz umgeformt werden.	☐	☐
d) Passivsätze können nicht im Präteritum stehen, sondern nur im Präsens.	☐	☐
e) Passiv kommt nur in Vorgangsbeschreibungen und Gebrauchsanweisungen vor.	☐	☐
f) Im Passiv beschreibt man oft Vorgänge, ohne die handelnde Person zu nennen.	☐	☐

Aufgabe 6: Satzformen und Zeichensetzung

1 *Lies die folgenden Sätze und entscheide dann, ob es sich um einen einfachen Satz, eine Satzreihe oder ein Satzgefüge handelt. Trage den entsprechenden Buchstaben in die erste Spalte ein.*
A = einfacher Satz B = Satzreihe C = Satzgefüge

Satzart	Satzbeispiel
________	Die modernen Piraten fahren kleine, schnelle Boote.
________	Moderne Piraten können große Schiffe kapern, weil sie technisch so gut ausgestattet sind.
________	Die modernen Piraten sind oft recht jung und sie haben keine Schule besucht.
________	Es geht den modernen Piraten häufig darum, ein Schiff zu entführen, damit sie Lösegeld für das Schiff und die Besatzung erpressen können.

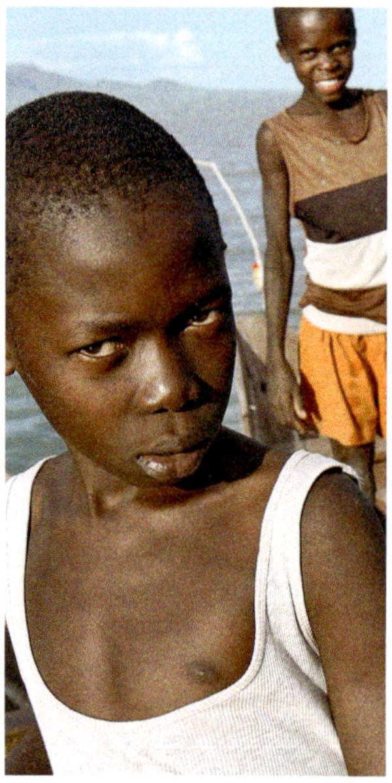

2 *Unterstreiche im folgenden Text die Hauptsätze grün.*

Da moderne Piraten, wenn sie Schiffe gekapert haben, häufig die Besatzung als Geiseln nehmen, geraten die Regierungen der Länder, unter deren Flagge die Schiffe fahren, und die Reedereien unter Druck. Die Entführer stellen hohe Lösegeldforderungen, wenn die Besatzung freikommen soll. Sobald Reedereien oder Regierungen den Forderungen nachgeben, werden Nachahmer ermutigt, ähnliche Aktionen durchzuführen. Wenn die Erpressten jedoch unnachgiebig bleiben, wird das Leben der Besatzungsmitglieder gefährdet. Meistens schalten sich hochrangige Politiker ein, die versuchen, ohne Lösegeld die Geiseln freizubekommen. Das klappt aber nicht immer.

3 *Bestimme in den folgenden Satzgefügen den Adverbialsatz. Schreibe in die Tabelle.*

a) Wenn die modernen Piraten Schiffe kapern, dann nehmen sie häufig die Besatzung als Geiseln. ____________________

b) Die modernen Frachtkähne werden als lohnendes Ziel ausgewählt, weil eine wertvolle Fracht an Bord ist. ____________________

c) Aber auch Kreuzfahrtschiffe sind eine gute Beute, da die Passagiere viel Geld und wertvollen Schmuck an Bord haben. ____________________

d) Selbst die modernsten Ortungscomputer an Bord der gekaperten Schiffe nutzen wenig, sodass immer wieder Schiffe spurlos aus dem Radar und damit von den Kontrollbildschirmen verschwinden. ____________________

e) Nachdem die Reederei ein hohes Lösegeld gezahlt hat, werden die Schiffe samt Besatzung und Passagieren freigelassen. ____________________

4 *Bilde Satzgefüge in deinem Heft: Verbinde die Sätze in der linken und rechten Spalte durch die Konjunktionen in der mittleren Spalte. Achte auf die Zeichensetzung.*

Satz 1	Konjunktion	Satz 2
Die Besatzung der gekaperten Schiffe fürchtet um ihr Leben.	weil	Die Besatzung kann mit dem leeren Schiff nach Hause fahren.
Die Reedereien bezahlen das Lösegeld.	nachdem	Möglichst wenig Nachahmer sollen animiert werden.
Die Angehörigen der Besatzungsmitglieder haben schlimme Tage hinter sich.	damit	Die Piraten bedrohen sie mit Maschinenpistolen.
Alle Beteiligten versuchen, Hintergrundinformationen geheimzuhalten.	wenn	Sie haben sich große Sorgen um das Leben ihrer Angehörigen gemacht.

5 *Setze in dem unten abgedruckten Zeitungsartikel alle fehlenden Kommas.*

Gestern Abend wurde am Horn von Afrika ein Containerschiff von einem schnellen Piratenmotorboot gekapert obwohl das Containerschiff durch neueste Technik vor einem Angriff geschützt schien. Als es dunkel geworden war erklommen zehn bewaffnete Männer das Schiff. Sie fesselten den Kapitän und alle 15 Besatzungsmitglieder nachdem sie diese mit Waffengewalt in Schach gehalten hatten. Die Besatzung wurde in einen Lagerraum gebracht sodass sie von den weiteren Vorgängen auf dem Schiff das nun von einem Piraten gesteuert wurde nichts mitbekam. Als sie diesen Schachzug ausgeführt hatten setzten die Piraten per Funk eine Lösegeldforderung von 250 000 Dollar für Schiff und Besatzung ab.

Textquellenverzeichnis

S. 4: Fischer, Christoph: Papa in Japan, Autorenbeitrag; **S. 12:** Goethe, Johann Wolfgang: Der Sänger. Aus: Sämtliche Werke. Band 2. Die Gedichte, hg. von Karl Eibel Deutscher Klassiker Verlag. Frankfurt/M. 1987, S. 104; **S. 18:** Lenz, Siegfried: Die Nacht im Hotel. Aus: Werkausgabe in Einzelbänden. Bd. 13 Erzählungen 1, 1949–1955. Verlag Hoffmann und Campe. Hamburg 1996; **S. 24:** Hemingway, Ernest: Ein Tag Warten. Aus: Der Sieger geht leer aus. Rowohlt Verlag. Reinbek bei Hamburg 1969, S. 77 ff. (gekürzt); **S. 30:** Sachar, Louis: Löcher. Die Geheimnisse von Green Lake. Aus dem amerikanischen Englisch von Birgitt Kollmann. Verlag Beltz & Gelberg. Weinheim, Basel 1999, S. 10 ff. (gekürzt); **S. 36:** Trübswetter, Maria: Vom Tagebuch zum Weblog Ausstellung „@bsolut privat!?" in Frankfurt, nach: http://sonntags.zdf.de/ZDFde/inhalt/23/0,1872,7261591,00html vom 06. 07. 2008; **S. 42:** Bernhard, Anfreas: Size zero. Aus: Magazin der Süddeutschen Zeitung, Nr. 52, 29. 12. 2006 (gekürzt); **S. 42:** Müller, Sandra: Im Kampf gegen den eigenen Körper. „Ich bin zu dick", nach: www.helles-koepfchen.de/artikel/1888.html vom 22. 06. 2007 (gekürzt); **S. 48:** Hirschhausen, Eckart von: Kopfball – Erschütternde Wissenschaft Aus: ders.: Die Leber wächst an ihren Aufgaben. Rowohlt Taschenbuch Verlag. Reinbek bei Hamburg 2008, S. 68 f. (gekürzt); **S. 52:** Binger, Hilde: Pangolin. Festung auf vier Füßen. Aus: GEOlino, Nr. 5, Mai 2009, S. 64 f.; **S. 56:** Brecht, Bertolt: Ballade von den Seeräubern. Aus: Werke. Band 11. Gedichte. 1. Sammlungen 1918–1938, hg. von Werner Hecht u. a. Suhrkamp Verlag. Frankfurt/M. 1988; **S. 58:** Schott, Marlen: Moderne Piraterie: Seeräuber an den Küsten Somalias, http://helles-koepfchen.de/artikel/2765.html vom 26. 11. 2008 (gekürzt).

Bildquellen

S. 8: Picture-Alliance/Keystone; **S. 12:** http://de.wikipedia.org; **S. 30:** Verlagsgruppe Beltz, Weinheim 2009; **S. 36:** Lou Andreas-Salomé Archiv, Göttingen; **S. 40:** Anke Gröner, Hamburg; **S. 43: oben:** www.learn-line.nrw.de/angebote/agenda21/daten/gesund.htm vom 20. 02. 2007; **S. 43: unten:** picture-alliance/dpa © dpa – Fotoreport; **S. 52:** picture-alliance/dpa © dpa – Fotoreport, **S. 53:** picture-alliance/© Evolve/Photoshot; **S. 55:** picture-alliance/OKAPIA KG, Germany; **S. 58:** Volkhard Binder, Berlin; **S. 62:** picture-alliance/dpa

Zu diesem Trainingsheft gibt es ein passendes **Arbeitsheft** (ISBN 978-3-464-68063-6; mit CD: 978-3-464-68099-5)
sowie das **Orientierungswissen** zum Nachschlagen (ISBN 978-3-464-68116-9).

Impressum

Redaktion: Birgit Wernz
Bildrecherche: Eireen Junge

Illustrationen:
Christiane Grauert (S. 7)
Jutta Melsheimer und Kai Hofmann, Berlin (S. 18, 20, 23–25, 29, 48, 49, 56)
Mone Schliephack, Niedernhausen (S. 4, 10)
Umschlagsgestaltung: Katrin Nehm (Foto: Thomas Schulz)
Layoutkonzept: Katharina Wolff-Steininger
Layout und technische Umsetzung: werkstatt für gebrauchsgrafik, Berlin

www.cornelsen.de

Dieses Werk berücksichtigt die Regeln der reformierten Rechtschreibung und Zeichensetzung. Bei den mit [R] gekennzeichneten Texten haben die Rechteinhaber einer Anpassung widersprochen.

1. Auflage, 1. Druck 2010

Druck: Himmer AG, Augsburg

ISBN 978-3-06-060854-6

Inhalt gedruckt auf säurefreiem Papier aus nachhaltiger Forstwirtschaft.

Deutschbuch

Trainingsheft für Klassenarbeiten und Kompetenztests

Gymnasium Hessen

Lösungen 7

Seite 5

A

1 ***Richtig sind:***
b), d) und e).

2 ***Eine mögliche Ergänzung des Satzanfanges könnte lauten:***
Nach dem Lesen meiner Verhaltensanleitung sollte man genau wissen, wie man sich vor, bei und nach dem Essen angemessen verhält und wie man sich in einem traditionellen japanischen Restaurant sicher zurechtfindet.

Seite 6

B

1 *a), b) und c)* ***Folgende Informationen könntest du im Text unterstreichen und nach den Handlungsschritten links ordnen:***

vor dem Essen	*von einem Kellner empfangen, der sich mit durchgestrecktem Rücken vor uns verbeugte Herr Kasai verbeugte sich nur etwa halb so tief (1)* *Schuhe ausziehen im Eingangsbereich schlüpfte in Slipper (2)* *als ich bemerkte, dass Herr Kasai nur in Socken auf diese Matten trat schlüpfte aus den Slippern (3)* *dem Gast Sitzplatz zugewiesen am weitesten entfernt von der Tür Herr Kasai am nächsten zur Tür niedrige traditionelle Tische Besucher auf dem Boden (4)* *Vor dem Essen reichte man uns ein feuchtes Handtuch, um die Hände zu reinigen. (5)* *Stäbchen aus einer Papierhülle nehmen auseinanderbrechen (6)*
während des Essens	*manche Gäste knieten, manche im Schneidersitz Frauen, die aßen, taten dies kniend auf den Fußballen Männer meist im Schneidersitz, auch beim Essen (7)* *Gäste aßen mit Stäbchen sogar die Nudelsuppe mit den Stäbchen über die Lippen geschaufelt schlürften dabei hörbar (8)* *Dann trank Herr Kasai die Suppe aus. (9)* *Herr Kasai nahm die Soja-Soße, schüttete ein wenig in eine Schale, rührte etwas Wasabi mit den Stäbchen unter und tauchte die Sushi leicht ein nicht von der Wasabi-Creme pur gegessen, der Meerrettich ist wahnsinnig scharf (10)* *Sehr unhöflich, wenn man mit Stäbchen auf andere zeigt niemals Essen mit Stäbchen weiterreichen Stäbchen auch nie senkrecht in den Reis stecken (11)*
nach dem Essen	*bekam Herr Kasai die Rechnung verdeckt gereicht damit zur Kasse im Eingangsbereich, um zu bezahlen (12)* *in Japan kein Trinkgeld (13)* *Kellner die Schuhe so vor der Tür hingestellt, dass man sofort wieder hineinschlüpfen konnte (14)*

C

1 ***Richtig ist:***
a) 3, b) 2, c) 1.

D

1 ***Die Lösung könnte lauten:***
*a) Am gelungensten ist die Einleitung **B:***
*b) **Schwächen in Text A:** Da eine Anleitung in dem Prospekt eines Reiseunternehmens alle Leser, auch die älteren, ansprechen soll, ist das „Du" als Anredeform unglücklich gewählt, da es zu persönlich wirkt und unhöflich klingt. Der Nebensatz „die man schon lange festgelegt hat" ist unpräzise, da der Leser sich fragt, wer die Regeln wann festgelegt hat.*
***Schwächen in Text C:** Die gesamte Einleitung ist zu persönlich formuliert, da sie Wertungen des Schreibers beinhaltet. Zudem ist die negative Tendenz in diesen Wertungen unsachlich und unhöflich. Anstatt zu erklären, warum es sich lohnt, die Abläufe in einem japanischen Restaurant kennen zu lernen, wird betont, dass „es einiges an Anstrengung kostet".*

c) ***Deine Einleitung könnte so aussehen:***
Bei einem Besuch eines traditionellen japanischen Restaurants gilt es, festgelegte Regeln und Abläufe zu kennen und einzuhalten, die von den Japanern als Zeichen der Höflichkeit und des Respekts verstanden werden. Diese Anleitung führt daher in die wichtigsten Abläufe ein und ist eine Erleichterung für den Japan-Besucher. Dies fängt schon beim Betreten des Lokals an, setzt sich fort mit der richtigen Platzierung und Sitzposition. Der Schwerpunkt liegt dann bei der richtigen Einnahme der Mahlzeit.

Seite 7

2 *a) und b)*
Kritik an Text A: *zu ausgeschmückte Ausdrucksweise, lange umschreibende Begriffe statt knappe, präzise Ausdrücke*
Verbesserungsvorschlag: *In Japan tauscht man in den traditionellen Restaurants im Eingangsbereich seine Straßenschuhe gegen Stoffslipper.*
Kritik an Text B: *wertende, unsachliche Begriffe, fehlende Fachbegriffe, unnötig lange Einschübe, umgangssprachliche Ausdrucksweise*
Verbesserungsvorschlag: *Die Tatami-Matten im Sitzbereich eines Restaurants sind sehr empfindlich und dürfen daher nur betreten werden, nachdem man die Slipper ausgezogen hat.*
Kritik an Text C: *zu stark verkürzt, dadurch unpräzise und falsch, im Präteritum*
Verbesserungsvorschlag: *Die Speisen werden an traditionellen niedrigen Tischen eingenommen, vor denen man im Schneidersitz sitzt oder kniet.*

3 ***Mögliche Fortsetzung des Schlusssatzes:***
Wenn Sie durch Ihr neues Wissen noch mehr Lust auf die japanische Kultur bekommen haben, können Sie Ihre Kenntnisse während einer spannenden Japanreise anwenden und vertiefen.

4

Beispiel für eine Anleitung:	***Was an diesem Beispiel gelungen ist:***
Bei einem Besuch eines traditionellen japanischen Restaurants gilt es, festgelegte Regeln und Abläufe zu kennen und einzuhalten, die von den Japanern als Zeichen der Höflichkeit und des Respekts verstanden werden. Diese Anleitung führt daher in die wichtigsten Abläufe ein.	*In der **Einleitung** wird gesagt, worum es eigentlich geht, und es wird der Zweck der Anleitung genannt.*
Schon beim Betreten des Lokals ist auf eine korrekte Begrüßung zu achten. Der Kellner verbeugt sich vor dem Gast etwa in einem 30°-Winkel. Der Gast verbeugt sich ebenfalls, jedoch nur etwa halb so tief. Es ist ein Zeichen von Respekt, wenn der Kellner einem bei der Begrüßung nicht direkt in die Augen sieht, dies darf nicht als Unhöflichkeit missverstanden werden. Im Eingangsbereich zieht man seine Schuhe aus und bekommt von der Bedienung Slipper gereicht. Diese Slipper werden im Speiseraum vor dem Betreten der Strohmatten, den Tatami-Matten, wieder ausgezogen, um diese nicht zu beschädigen. Wenn man in das Lokal eingeladen wird, sitzt der Gastgeber der Runde an dem Platz, der der Tür am nächsten ist, während die Gäste am weitesten von der Tür weg platziert werden. Die Tische in traditionellen Restaurants sind niedrig, und man sitzt auf den Tatami-Matten um die Tische herum. Während des Essens sitzt man im Schneidersitz oder kniet, als Frau, vor dem Tisch. Nach dem Essen kann man eine bequemere Sitzposition einnehmen, indem man bei angewinkelten Knien die Füße zu einer Seite hin streckt. Männer bleiben meist die gesamte Zeit im Schneidersitz.	*Die Abläufe sind in der richtigen chronologischen Reihenfolge geordnet (vor dem Essen, während des Essens, nach dem Essen).* *Es werden Fachbegriffe verwendet, die vorher erklärt wurden.* *Die Anleitung ist durchgehend im Präsens verfasst.* *Die einzelnen Vorgänge werden präzise beschrieben. Die Sprache ist knapp und sachlich.*
Vor dem Essen werden feuchte Handtücher gereicht, mit denen man sich die Hände reinigt. Gegessen werden alle Speisen mit den traditionellen Stäbchen, die häufig in verzierten Holzkästchen auf dem Tisch zu finden sind. Meist muss man die Stäbchen aus einer Papierhülle nehmen und zuerst auseinanderbrechen. Selbst die Nudelsuppe vor den Hauptgerichten wird mit Stäbchen gegessen, indem man die Essschale vor den Mund hält und die Nudeln mit den Stäbchen zum Mund führt. Die Nudeln dürfen dabei hörbar geschlürft werden, bevor die Suppe direkt aus der Schale getrunken wird.	
Zum Sushi gibt es die aus Meerrettich gemachte scharfe Wasabi-Creme und Soja-Soße, die man sich allerdings nicht über die Speisen gießen darf. Die Soßen werden in eine Schale gegeben, in die man dann die Speisen eintaucht, bevor man sie isst.	
Als unhöflich gilt es, die Stäbchen in den Reis zu stecken oder Essen mit den Stäbchen weiterzureichen.	
Die Rechnung wird dem Gast am Tisch verdeckt gereicht. Zum Bezahlen geht er damit dann zur Kasse, wobei es in Japan üblich ist, kein Trinkgeld zu geben. Beim Verlassen des Restaurants findet man seine Schuhe im Eingangsbereich so angeordnet, dass man direkt hineinschlüpfen und das Lokal verlassen kann.	
Wenn Sie durch Ihr neues Wissen noch mehr Lust auf die japanische Kultur bekommen haben, können Sie Ihre Kenntnisse während einer spannenden Japanreise anwenden und vertiefen.	*Im **Schlusssatz** wird das Ergebnis der Vorgangsbeschreibung genannt: Der Leser hat viel neues Wissen.*

Seite 9

A

1 *Richtig sind: b), d), e) und f).*

B

1 *a) und b)* ***Mögliche Sammlung von Stichworten aus dem Interview:***
Informationen zum Ereignis: *9184 Teilnehmer, 2006 (Weltrekord), 45 000 US-Dollar Preisgeld, Sieger 2007 „Pandemic" aus Amerika, halbjährlich in Jönköping (Schweden), beliebte Spiele: Ballerspiele, Strategiespiele, Sportspiele*
Schilderung des Ereignisses: *riesige Halle mit hohem Geräuschpegel, tausende Computer und Monitore, viele Junkfood-Verpackungen und Pizzakartons, Übertragung der Wettkämpfe auf Großbildleinwand …*
Hintergrundinformationen zur DreamHack und zu anderen LAN-Partys: *dauert häufig mehrere Tage, größte LAN-Party der Welt, LAN = local area network (lokal begrenztes Netzwerk), schnellere Verbindungen als im Internet, LAN-Partys auch zu Hause möglich, Spieler bringen private PCs, neben Wettkampf reizt Flair und freundschaftliche Atmosphäre …*
Meine Einschätzung, Wertung, Kommentare: *mehrere Tage in der Halle, das ist wie ständig dem Lärm einer Baustelle ausgesetzt zu sein, interessante Menschen aus vielen Ländern treffen, spannend, einen Einblick in eine noch recht verborgene Szene zu erhalten*

Seite 10

2 ***Mögliche Vervollständigung der Mind-Map:***
Ich sehe: *tausende flimmernde Monitore, Spieler mit Headsets, die auf die Bildschirme starren, schlafende Spieler, viele Kabel, Computer, Mäuse, Zuschauer auf Klappstühlen vor der Großbildleinwand …*
Ich höre: *die Klimaanlage der Halle, aufgeregte Anweisungen, Taktikvorgaben und Warnungen, die Lüfter der Computer unter den Tischen, den Kommentator der Spiele auf der Großbildleinwand, Applaus der Zuschauer, Lachen, Tütenrascheln, Beifalls- und Unmutsrufe …*
Ich rieche: *Pizza- und Hamburger-Gerüche, verschwitzte T-Shirts, trockene Klimaanlagenluft …*

C

1 *Richtig ist: 1 d), 2 c), 3 e), 4 a), 5 f), 6 b).*

D

1 *a) und b)* ***Mögliche Reihenfolge der Wörter im Lückentext:***
krummem – flimmernden – starrem – kleine – grünen – ratternde – schwitzend – enttäuschtes
Mögliche Fortsetzung des Textes mit Wörtern aus dem Wortspeicher:
Ein ***rasanter*** *Schlagabtausch findet auf den Monitoren statt, und* ***gespannt*** *verfolgen die Zuschauer, wie sich die Kontrahenten* ***rasend*** *schnell den Ball abluchsen, um einen Gegenangriff zu starten …*

Seite 11

2 ***Mögliche Umformulierung zu einem Reportagetext:***
Nach einem äußerst spannenden Finale versammelten sich die drei erstplatzierten Teams auf der Bühne vor der Großbildleinwand. Besonders strahlten die Sieger des amerikanischen Teams „Pandemic", winkten freudig ihren Anhängern, die größtenteils aus mitgereisten Freunden oder befreundeten Teams bestanden, und genossen den Beifall auf dem Siegertreppchen sichtlich. Neben mir hatte sich ein amerikanisches Fernsehteam aufgebaut und der Reporter sprach aufgeregt von einem „incredible success", während sein Kameramann die klatschende Zuschauermenge filmte. Ein Vertreter des Hauptsponsors überreichte dem Team-Kapitän den überdimensionalen Siegerscheck, auf dem in riesigen Ziffern die Siegprämie, 45 000 US-Dollar, prangte. Der Kapitän reckte den Scheck in die Höhe und noch einmal brandete der Beifall auf, fast wie bei einem Fußballfinale, wenn der Spielführer den Pokal mit durchgestreckten Ellenbogen in die Höhe reißt.

3

Beispiel für eine Reportage	***Was an diesem Beispiel gelungen ist:***
Vor dem Betreten der Halle schwirrt mir schon ein aufgeregtes Piepen und hektisches Gemurmel entgegen. In der riesigen Halle fallen zuerst das Flimmern von tausenden von Monitoren und eine dämpfige Luft auf, obwohl die Ventilatoren der Klimaanlage sich hörbar bemühen, die Luftzirkulation anzuregen. Auf langen Tischreihen steht Monitor an Monitor, unter den Tischen summen Computertürme und überall sieht man ein Chaos an schwarzen, blauen und braunen Kabeln, die wie ineinander verschlungene Würmer zu den Steckdosenleisten streben. Zwischen den Kabeln liegen jede Menge Pizzakartons. Satzfetzen im Befehlston werden an die Teamkameraden gebrüllt, auf den Bildschirmen schleichen gebeugte Figuren in Tarnkleidung durch eine trist-staubige Häuserlandschaft. Ab und zu brandet Beifall auf, wenn ein Spieler eine gestohlene Flagge zum Hauptquartier zurückgebracht hat.	*Die Reportage wird mit einer atmosphärischen Schilderung eingeleitet, sodass sich der Leser sofort gut in die Situation hineinversetzen kann. Es wird beschrieben, was zu sehen und zu hören ist. Die Sprache ist bildreich und anschaulich. Es werden passende Verben und Adjektive verwendet.*

Beispiel für eine Reportage	*Was an diesem Beispiel gelungen ist:*
An der Stirnseite der Halle werden die wichtigsten Partien auf einer Großbildleinwand übertragen, vor der auf Klappstühlen gespannte Zuschauerscharen die Ereignisse verfolgen. Wie im Fernsehen kommentiert ein Reporter das Geschehen auf dem Bildschirm, über dem in großen Lettern das Wort „DreamHack" prangt.	
Die DreamHack ist die weltgrößte LAN-Party. Im Guinnessbuch der Rekorde sind für das Jahr 2006 9184 Teilnehmer vermerkt, die an 8531 Rechnern Wettkämpfe in verschiedensten Computerspielen austrugen. Das Wort LAN ist die Abkürzung für local area network, was soviel heißt wie ein „lokal begrenztes Netzwerk". Die meist privat mitgebrachten Rechner werden also in einem kleinen Netzwerk miteinander verbunden, das nicht wie das Internet über den jeweiligen Ort des Geschehens hi-nausgeht. LAN-Partys finden meist in einem wesentlich kleineren Rahmen statt, z. B. wenn Freunde ihre Computer im Wohnzimmer miteinander verbinden. Der Vorteil einer LAN-Party gegenüber dem Internet sind die sehr stabilen Verbindungen zwischen den Rechnern, wie man sie über das Internet in dieser Form kaum erreichen kann. Somit werden die so genannten „lags" vermieden, die den Spielfluss empfindlich stören können. Zudem schätzen die Teilnehmer die Atmosphäre dieser Veranstaltungen. Häufig trifft man hier Freunde und Spieler aus allen Ländern, mit denen man sich bereits seit Jahren online misst und über die besten Konfigurationen, Gaming-Mäuse und Grafikkarten fachsimpelt.	*Es wird über das Thema informiert. Was ist die „DreamHack" und wer trifft sich hier? Die Informationen gehen dabei über den aktuellen Anlass der Reportage hinaus und erklären auch viele Dinge zum Hintergrund des Ereignisses.*
Für David, einen immer freundlich lächelnden Deutschen, ist die DreamHack ein Höhepunkt im Jahresplan eines Computerspielers. „Man trifft sich wie bei Freundestreffen. Man hilft sich gegenseitig und isst in den Spielpausen gemeinsam Pizza", sagt er, wobei ihm wichtig ist, zu betonen, dass am Ende der Veranstaltung jeder seinen Platz sauber verlässt. „Wir sind sehr reinliche Wesen", sagt er und lacht.	*Neben vielen Informationen enthält die Reportage auch schildernde Textstellen, in denen Einzelheiten anschaulich beschrieben werden.*
Ich deute auf die erschöpft auf ihren Stühlen hängenden Spieler. „Manche schlafen einfach mit dem Kopf auf dem Tisch vor dem eigenen Computer", erklärt David. „Das ist nicht gerade erholsam, aber um Erholung geht es ja nicht. Es geht um Fun." *Für die wahren Profis geht es allerdings um mehr als Fun bei der DreamHack, es geht auch um bares Geld.*	*Durch wertende Ausdrücke werden Hinweise auf die Einstellung des Reporters/der Reporterin gegeben.*
45 000 US-Dollar nahm das amerikanische Team „Pandemic" als Siegprämie für die Winterveranstaltung 2007 entgegen. Die DreamHack wird halbjährlich im schwedischen Jönköping veranstaltet und zieht inzwischen neben den Teilnehmern auch Scharen von Journalisten und Zuschauern an.	*Es wird über den Ausgang des Turniers berichtet.*
Gespielt werden meist Spiele, die sich durch ihre Teamstruktur auszeichnen, was häufig bei Ballerspielen der Fall ist. Aber auch Strategiespiele wie „Warcraft 3" oder Sportspiele wie die „Fifa-Serie" sind offiziell anerkannte Turnierspiele. *Am Ende des Tages nehmen die Gewinner der einzelnen Wettkämpfe auf einer Siegertreppe die von Sponsoren gestifteten Preise entgegen und verbeugen sich wie Olympiasieger.*	
Ich verlasse die Halle und bin froh über die Ruhe, die einem nach Stunden in diesem Trubel besonders angenehm auffällt. Ich könnte mir auch nicht vorstellen, mehrere Tage mitten in dem Getöse auszuhalten, das wäre mir zu anstrengend. Aber ich habe ja gelernt, um Erholung geht es nicht.	*Die Einstellung des Reporters wird deutlich.*

Seite 13

A

1 *Richtig ist:*

- ☐ *Im Einleitungssatz muss ich die Textart benennen, außerdem den Autor, den Titel, das Erscheinungsjahr und vor allem das Thema erwähnen.*
- ☐ *Ich muss im Hauptteil den Inhalt des Textes knapp und präzise zusammenfassen, darf dabei jedoch keine wichtigen Handlungsschritte vergessen.*
- ☐ *Die Zeitform ist grundsätzlich das Präsens.*
- ☐ *Wenn ich möchte, kann ich einen Schlusssatz schreiben, in dem ich meine Meinung sage oder auf besondere Eigenheiten des Textes eingehe.*

2 *Mögliche Antworten:*

- ☐ *Eine Inhaltsangabe kann auch kurz sein, denn nur das Wesentliche wird zusammengefasst. Deshalb ist sie deutlich kürzer als die Vorlage.*
- ☐ *Die Inhaltsangabe soll sachlich informieren. Sie ist daher nicht spannend geschrieben und es ist richtig, wenn der Leser schon zu Beginn weiß, was geschieht.*

B

1 *Mögliche Antwort:*

Die Wörter lassen auf eine Burg oder ein Schloss im Mittelalter schließen. Eine mittelalterliche höfische Gesellschaft wird beschrieben.

2 *a) und b)* ***Mögliche Markierungen:***
fett = *König*, gerade = *Sänger*, *unterstrichen* = *wichtige Handlungsschritte*

„Was hör' ich draußen vor dem Tor,
Was auf der Brücke schallen?
Lass den Gesang vor unserm Ohr
Im Saale widerhallen!"
Der König sprach's, *der Page lief;*
Der Page kam, ***der König rief:***
„Lasst mir herein den Alten!"

„Gegrüßet seid mir, edle Herrn,
Gegrüßt ihr, schöne Damen!
Welch reicher Himmel! Stern bei Stern!
Wer kennet ihre Namen?
Im Saal voll Pracht und Herrlichkeit
Schließt, Augen, euch; hier ist nicht Zeit,
Sich staunend zu ergetzen."

Der Sänger drückt' die Augen ein
Und schlug in vollen Tönen;
Die Ritter schauten mutig drein
Und in den Schoß der Schönen.
Der König, dem es wohl gefiel,
Ließ, ihn zu ehren für sein Spiel,
Eine goldne Kette holen.

„Die goldne Kette gib mir nicht!
Die Kette gib den Rittern,
Vor deren kühnem Angesicht
Der Feinde Lanzen splittern;
Gib sie dem Kanzler, den du hast,
Und lass ihn noch die goldne Last
Zu andern Lasten tragen.

Ich singe, wie der Vogel singt,
Der in den Zweigen wohnet;
Das Lied, das aus der Kehle dringt,
Ist Lohn, der reichlich lohnet.
Doch darf ich bitten, bitt ich eins:
Lass mir den besten Becher Weins
In purem Golde reichen."

Er setzt' ihn an, er trank ihn aus:
„O, Trank voll süßer Labe!
O, wohl dem hochbeglückten Haus,
Wo das ist kleine Gabe!
Ergeht's euch wohl, so denkt an mich,
Und danket Gott so warm, als ich
Für diesen Trunk euch danke."

Seite 14

3

Strophe	*Welche Figuren sind beteiligt?*	*knappe Zusammenfassung*
Strophe 1	*ein König und sein Page*	*Ein König schickt seinen Pagen, einen Sänger, dessen Lied er gehört hat, in den Saal hereinzubringen.*
Strophe 2	*ein Sänger, Damen und Ritter am Hof*	*Der Sänger preist den prachtvollen Saal und grüßt die Anwesenden.*
Strophe 3	*der Sänger, die höfischen Zuhörer*	*Der Sänger erfreut die Zuhörer mit seinem Vortrag. Zum Dank will der König ihm eine wertvolle goldene Kette schenken.*
Strophe 4	*der Sänger*	*Der Sänger lehnt das Geschenk mit der Begründung ab, die Kette stünde eher dem Kanzler oder den Rittern zu.*
Strophe 5	*der Sänger.*	*Der Sänger erläutert sein Lebensgefühl. Seine Kunst ist ihm Lohn genug. Er erbittet besten Wein aus einem goldenen Becher.*
Strophe 6	*der Sänger*	*Der Sänger leert genussvoll den Becher. Er bedankt und verabschiedet sich mit der Bitte, ihn wohlmeinend im Gedächtnis zu behalten.*

4 *a)* ***Mögliche Mind-Map:***

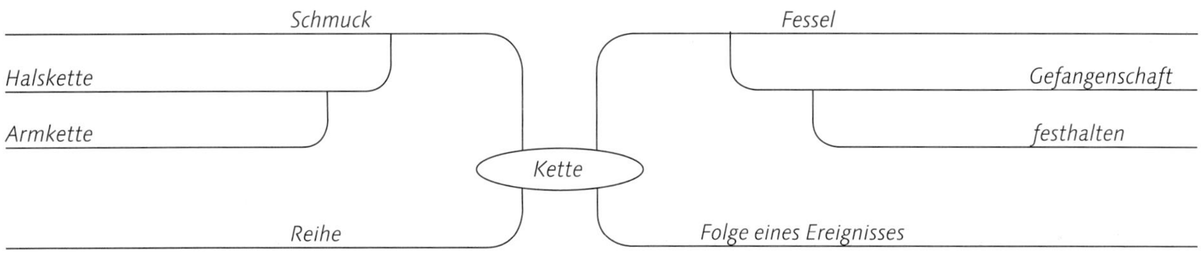

b) und c) ***Die Antwort könnte so lauten:***
Der König denkt an eine kostbare Halskette, mit der er sich bei dem Sänger bedanken und ihn belohnen möchte.
Für den Sänger ist die Kette eine Fessel, die ihn an den König bindet und ihm damit Verpflichtungen auferlegt.

5 *Das Handlungsgeschehen nimmt in Strophe 4, Vers 1 eine überraschende Wendung: „Die goldne Kette gib mir nicht". Die Ablehnung des Geschenks ist insofern überraschend, als dass man annehmen muss, dass der fahrende Sänger arm und auf Entlohnung für seine Kunst angewiesen ist.*

C

1 *a)* ***An Annas Text ist gelungen:***
Sie hat Autor, Titel, Textart und Erscheinungsjahr benannt. Auch das Thema hat sie treffend beschrieben.
Dies könnte noch verbessert werden:
Sie schreibt zu viel über die Thematik. Dies lässt sich kürzer fassen: Goethe beschreibt einen für das Mittelalter atypischen Minnesänger, der seine Freiheit als seinen größten Lohn empfindet.

Seite 15

b) ***Diese Informationen gehören in die Einleitung:***
1. Autor/in und Titel, 2. Textart, 3. Erscheinungsjahr, 4. Thema

2 a) und b) ***Folgende Strophen können zu Sinnabschnitten zusammengefasst werden:***
- ***Strophe 1:*** *Vorstellung der Figuren und des Ortes: Der König fordert den Pagen auf, den alten Sänger in den Saal zu lassen.*
- ***Strophen 2 + 3:*** *Der Sänger erfreut mit seinem Gesang das Publikum und soll zur Belohnung vom König eine Kette erhalten.*
- ***Strophen 4 + 5:*** *Wendepunkt: Der Sänger lehnt die Kette ab. Er fühlt sich frei wie ein Vogel und ist damit reich genug, nur um einen Becher Wein bittet er.*
- ***Strophe 6:*** *Er trinkt den Wein zufrieden aus und hofft, dass man sich in guten Momenten an ihn erinnert.*

3 ***Deine Begründungen könnten lauten:***
Ich halte den Schlusssatz B für gelungen, weil die eigene Meinung gut begründet wird.
Ich halte den Schlusssatz A für nicht gelungen, weil eine nachvollziehbare Begründung der Einschätzung fehlt.

Seite 16

D

1 ***Richtig ist:***
a) sodass
b) indem
c) da
d) obwohl
e) deshalb
f) wenn
g) sofern

2 ***Mögliche Umformungen:***
a) In dem prunkvollen Saal ...
b) Nach dem Vortrag des Sängers ...
c) Trotz der Ehrung ...
d) Aus Höflichkeit ...

Seite 17

3 ***In indirekter Rede können die Sätze lauten:***
b) Der Page lobt den Sänger, sie fänden seinen Gesang wunderbar.
c) Der Sänger erwidert dankend, er befände sich in einem so prachtvollen Saal.
d) Der König befiehlt, man solle ihm zum Dank eine goldene Kette reichen.
e) Der Sänger entgegnet dem König, dieser habe Menschen um sich, die sein Geschenk mehr zu schätzen wüssten.

4

Beispiel für eine Inhaltsangabe:	***Was an diesem Beispiel gelungen ist:***
In der 1795 von Johann Wolfgang Goethe verfassten Ballade „Der Sänger" geht es um das Glück und die Zufriedenheit eines Minnesängers mit seiner Kunst.	*Im **Einleitungssatz** werden Autor, Gattung, Titel, Erscheinungsjahr und das Thema genannt.*
Ein König hört den Gesang eines alten Sängers vor seinem Tor und fordert einen Diener auf, diesen hereinzulassen. *Der Sänger erscheint in der prunkvollen Halle und begrüßt freudig sein Publikum, das er mit seiner Kunst unterhalten möchte.* *Nachdem er seine Zuhörer mit seinem Vortrag entzückt hat, will ihm der König zum Lohn eine wertvolle goldene Kette schenken.* *In der vierten Strophe, Vers 1 nimmt die Handlung jedoch eine überraschende Wendung: Der Sänger antwortet dem König, die Kette solle er lieber den Rittern geben. Da er sich frei wie ein Vogel fühle, brauche er keine weiteren Geschenke und bitte daher nur um die Gabe des besten Weins in einem goldenen Becher.* *Diese Ablehnung ist insofern überraschend, alsdass man eigentlich davon ausgehen muss, dass der fahrende Sänger arm und damit auf Entlohnung angewiesen ist.* *Nachdem der Sänger den Becher genussvoll geleert hat, bedankt er sich und verabschiedet sich. Schließlich bittet er sein Publikum ihn wohlmeinend im Gedächtnis zu behalten.*	***Hauptteil:*** - *Der Inhalt der Ballade wird knapp zusammengefasst.* - *Alle wichtigen Handlungsschritte werden genannt.* - *Die Sprache ist präzise, lange Nebensätze werden vermieden, z.B. durch Paraphrasen.* - *Die Sätze sind logisch miteinander verknüpft.* - *Auf die dramatische Wendung der Ballade wird eingegangen* - *Wörtliche Rede wird durch Paraphrasen und durch indirekte Rede wiedergegeben.*
Vor allem die Ablehnung der Kette macht die Ballade spannend und auch interessant. Die Figur des fahrenden Sängers stellt die Kunst über materielle Güter. Über diese Haltung kann man auch heute noch nachdenken.	*Im **Schlusssatz*** - *wird noch einmal auf die Besonderheit der Ballade eingegangen* - *und auch eine persönliche Meinung formuliert.*

Seite 20

A

1 *Folgende Aussagen müssen verbessert werden:*
b) Ich soll den wesentlichen Inhalt des Originals korrekt wiedergeben. Dabei verwende ich in der Regel keine wörtliche Rede, sondern die indirekte Rede oder Paraphrasen.
d) Erzählungen werden zwar oft im Präteritum geschrieben, die Inhaltsangabe jedoch im Präsens.
f) Auch wenn die Erzählung spannend geschrieben ist, schreibe ich die Inhaltsangabe sachlich.

B

1 *a), b) und c)*

Folgende Textstellen könntest du unterstreichen:	*Handlungsschritte – stichpunktartig in Sinnabschnitten zusammengefasst:*
Das ist die einzige Möglichkeit das freie Bett in dem Doppelzimmer „Gut", sagte Schwamm	*einzige Übernachtungsmöglichkeit: mit Fremdem im Doppelzimmer, Herr Schwamm akzeptiert*
„Er schläft", wiederholte Schwamm Schwamm drückte die Klinke herab „Halt! Bitte machen Sie kein Licht ..."	*betritt im Dunkeln das Zimmer, da Fremder schon schlafe, Fremder bittet ihn, Licht ausgeschaltet zu lassen*
meine Krücken „Ich habe einen Sohn" „seinetwegen bin ich hierhergefahren" „äußerst sensibel, mimosenhaft" „der Junge winkt es winkt ihm keiner der Reisenden zurück" „der Junge geht mir kaputt dabei" „...morgen den Frühzug nehmen, um dem Kleinen zu winken?" „Ja", sagte Schwamm „ja." „Mich" ... „gehen Kinder nichts an. Ich hasse sie ..."	*Gespräch im Dunkeln, Herr Schwamm erfährt über Fremden: hat Krücken und mag Kinder nicht Herr Schwamm berichtet Fremdem: Sohn sehr sensibel und deshalb sehr betrübt, weil ihm keiner der Reisenden im Zug, denen er auf dem Schulweg winkt, je zurückwinkt; nun will Herr Schwamm ihm winken*
„Sie fahren nach Kurzbach, nicht wahr?" „...Sie schämen sich nicht, Ihren Jungen zu betrügen?"	*der Fremde missbilligt den Betrug, fragt aber auch nach Reiseziel Schwamms, Fremder morgens weg*
Bis zum Morgenzug blieben ihm noch fünf Minuten ausgeschlossen, daß er ihn noch erreichte konnte es sich nicht leisten, noch eine Nacht in der Stadt zu bleiben	*Herr Schwamm verschläft und verpasst deshalb Zug, kann Sohn nicht winken, denn kein Geld zu bleiben*
Am Nachmittag niedergeschlagen enttäuscht Junge öffnete ihm die Tür, glücklich „Einer hat gewinkt" „Mit einer Krücke?" „Ja, mit einem Stock ..."	*Schwamm kehrt unverrichteter Dinge heim, Sohn berichtet, dass ihm ein Mann mit einem Stock aus dem Zug gewinkt habe, Herr Schwamm erkennt an der Beschreibung des Sohnes den Fremden*

2 *Die Antwort könnte lauten:*
Die gemeinsam verbrachte Nacht im Hotel führt zu einer überraschenden Begebenheit: Der zunächst unsensibel wirkende fremde Mann stellt sich am nächsten Tag als mitfühlend und warmherzig heraus. Als Herr Schwamm nämlich am Morgen seinen Zug verpasst und somit dem Sohn nicht winken kann, übernimmt er diese Aufgabe und macht damit dem Sohn eine große Freude.

Seite 21

C

1 *a) und b) Am besten ist Mustafas Vorschlag, denn in der Geschichte wird das warmherzige Verhalten des Vaters und später des Fremden dem gedankenlosen Verhalten der übrigen Reisenden entgegengesetzt. Mimis Vorschlag ist nicht so gut, weil sie, anstatt das Thema der Geschichte zu benennen, einfach die Geschichte kurz zusammenfasst. Die Themenvorschläge der übrigen Kinder bezeichnen nicht das Thema dieser Geschichte.*

2 *Richtige Reihenfolge der Wörter im Lückentext:*
Ereignisse der Handlung – chronologischer – knapp und präzise – unwesentlich – wörtliche Rede

D

1 *Die Satzgefüge können lauten:*
b) Herr Schwamm liebt seinen Sohn, wohingegen der Fremde Kinder hasst.
c) Obwohl Herr Schwamm weiß, dass der Grund für seinen Besuch in der Stadt sehr ungewöhnlich ist, erzählt er dem Fremden davon.
d) Der Fremde macht verletzende Bemerkungen, sodass Herr Schwamm ein wenig verärgert ist. Oder: Herr Schwamm ist verärgert, weil der Fremde verletzende Bemerkungen macht.
e) Als Herr Schwamm noch schläft, verlässt der Fremde leise das Zimmer. Oder: Als der Fremde das Zimmer leise verlässt, schläft Herr Schwamm noch.

Seite 22

2 a) *Herr Schwamm erzählt, dass sein Sohn sehr ängstlich sei.*
b) *Er berichtet weiter, dass sein Sohn den Reisenden in den Zügen morgens immer winke.*
c) *Dann erwähnt er, dass die Reisenden nie auf das Winken seines Sohnes reagierten und dass sein Sohn deshalb weinend nach Hause komme.*
d) *Später berichtet Herr Schwamm seiner Frau, dass er am Morgen verschlafen habe.*

3 ***Mögliche Lösungen:***
a) *Herr Schwamm stellt sich vor.*
b) *Herr Schwamm stimmt zu.*
c) *Herr Schwamm findet den Grund für seine Reise in die Stadt selbst merkwürdig.*
d) *Beim Öffnen der Tür berichtet Schwamms Sohn von dem winkenden Reisenden.*

Seite 23

4

Beispiel für eine Inhaltsangabe:	***Was an diesem Beispiel gelungen ist:***
In der Kurzgeschichte „Die Nacht im Hotel" von Siegfried Lenz, die 1951 veröffentlicht wurde, wird anhand des Beispiels eines Vaters und eines fremden Mannes gezeigt, dass es auch in einer kalten Welt noch Zeichen der Liebe und Zuwendung gibt.	*Im Einleitungssatz werden der Titel, der Autor, die Textart, das Erscheinungsjahr und das Thema genannt.*
Herr Schwamm ist in eine fremde Stadt gereist, in der er gezwungen ist, ein Doppelzimmer mit einem Unbekannten zu teilen. Weil er vermutet, dass sein Zimmergenosse schon schläft, betritt er das Zimmer leise im Dunkeln. Es stellt sich heraus, dass der Fremde noch wach ist. Er bittet Herrn Schwamm aber, das Licht nicht einzuschalten. Im Dunkeln sprechen beide miteinander. Herr Schwamm erfährt, dass der Fremde an Krücken geht. Er selbst berichtet von sich, dass er in die Stadt gefahren sei, um seinem Sohn am nächsten Morgen auf dem Heimweg aus dem Zug winken zu können. Der Junge sei sehr sensibel und kehre daher immer weinend aus der Schule nach Hause zurück, weil niemand ihm zurückwinke, wenn er morgens den Reisenden im Zug zuwinke. Der Fremde äußert sich abfällig über Kinder im Allgemeinen und Herrn Schwamms Plan im Besonderen. Als Herr Schwamm am nächsten Morgen aufwacht, stellt er fest, dass der Fremde schon weg ist. Zudem hat er verschlafen, sodass er den Zug nicht mehr erreicht, aus dem er seinem Sohn hat winken wollen. Weil er kein Geld für eine zweite Übernachtung im Hotel hat, muss Herr Schwamm unverrichteter Dinge heimkehren.	*Die Sätze sind abwechslungsreich miteinander verknüpft. Die Inhaltsangabe ist durchgängig im Präsens geschrieben, nur bei Vorzeitigkeit wird das Perfekt verwendet. In der indirekten Rede wird der Konjunktiv verwendet. Paraphrasen statt indirekter Rede machen den Text abwechslungsreicher.*
Überraschenderweise erfährt er bei seiner Ankunft zu Hause von seinem hocherfreuten Sohn, dass ein Mann mit Krücken sehr lange aus dem Zug gewinkt hat. Herr Schwamm erkennt in der Beschreibung des Kindes den Fremden aus dem Hotel.	

E

2 ***Folgende Textstellen in Annas Aufsatz sollten verbessert werden:***
… weil er seinem Sohn eine Freude machen wollte. → *in der Regel kein Präteritum in der Inhaltsangabe verwenden*
„Zu so später Stunde …" → *wörtliche Rede vermeiden*
Der Mann im Zimmer ist wirklich sehr seltsam. → *subjektiv und unsachlich*
… der Fremde, der von der Idee des Vaters begeistert war, … → *inhaltlicher Fehler: Fremder missbilligt die Idee des Vaters*

Seite 25

A

1 ***Richtig sind:*** *b), d), e), g).*

Seite 26

B

1 a) ***Mögliche Lösung:*** *Der Junge in der Geschichte hat gedacht, dass er 102 Grad Celsius Fieber hätte und bald sterben müsste. Er verwechselt dabei die Tem-peratureinheiten Grad Celsius und Grad Fahrenheit. Vermutlich vertauscht er die Einheiten, da er nicht in Amerika zur Schule geht, wo in der Einheit Fahrenheit gemessen wird, sondern in Frankreich, wo man die Temperatur, wie in ganz Europa, in Celsius misst.*
b) ***Mögliche Lösung:***
- *Anstatt nachzufragen, warum der Junge so seltsam schaut, schlägt der Vater vor, dass er ihm etwas vorlesen könnte.*
- *Der Vater schiebt das merkwürdige Verhalten des Sohnes auf die durch das Fieber verursachte Verwirrtheit.*
- *Es scheint ihm nicht unangenehm zu sein, am Bett seines kranken Sohnes zu sitzen.*
- *Er rät seinem Sohn, nicht zu viel nachzudenken und sich nicht aufzuregen. Dabei ahnt er nicht im Geringsten, welche Sorgen seinen Sohn beschäftigen.*

c) ***Der Junge könnte Folgendes gedacht haben:***
Mehr als „Ach" konnte ich nicht sagen, dabei ging mir so viel durch den Kopf. Warum hat mir das Papa nicht eher gesagt? Ich habe mir den ganzen Tag lang solche Sorgen gemacht. Jetzt bin ich erleichtert. Von dem Schreck muss ich mich erst einmal erholen.

Seite 27

2 ***Mögliche Reihenfolge der Wörter im Lückentext:***
taktvoll oder auch zurückhaltend – mutig – zurückhaltend oder introvertiert – rücksichtsvoll

3 a) ***Die Gedanken des Jungen könnten so lauten:***
B Einhundertzwei! Das kann doch nicht wahr sein! Der Arzt sagt das, als wäre es normal. Und ich dachte, man würde daran sterben.
C Wie konnte Papa nur so ruhig bleiben und mir vorlesen, wo ich doch bald sterben musste. Hat er denn nicht gemerkt, dass ich mir Sorgen gemacht habe?
E Nicht aufregen? Ist doch klar, dass man nachdenken muss, wenn man nicht mehr lange lebt. Außerdem konnte ich nicht verstehen, warum das niemanden zu kümmern schien.
F Irgendwann habe ich es einfach nicht mehr ausgehalten. Es kostete mich schon ziemlich viel Überwindung, Papa endlich darauf anzusprechen. Ich musste einfach wissen, wann es vorbei sein würde.

b) ***Weitere Gedanken könnten sein:***
- *„Du kannst nicht reinkommen", hatte er gesagt. „Du darfst das nicht bekommen, was ich habe." (Z. 56–58)*
  → *Eigentlich habe ich es allein kaum ausgehalten. Aber die anderen sollten doch nicht so schwer krank werden wie ich.*
- *„Ich möchte lieber wach bleiben." (Z. 46–47)*
  → *Schlafen ... das wollte und konnte ich nicht. In dieser Situation hätte wohl keiner schlafen können.*

Seite 28

4 ***Die Antwort könnte lauten:***
Der Junge weint wegen Kleinigkeiten, denn er ist noch ganz benommen vom vorhergehenden Tag und muss sehr oft an seine Angst und seine Sorgen denken. Bei der Erinnerung an seine Gefühle kann er sich einfach nicht beherrschen. Seine Tränen drücken eine Mischung aus Angst und Erleichterung aus, denn er ist auch froh, dass der Albtraum vorbei ist.

C

1 *a) und b)*
Phillip *verwendet die Möglichkeit, bei der man zuerst die Gefühle der Figur in der aktuellen Situation darstellt. Der Satz könnte so weitergehen:* Gestern um diese Zeit dachte ich noch, dass ich sterben würde. Alles fing ganz harmlos an ...
Mitra *verwendet die Möglichkeit, bei der sie mit einem äußeren Handlungsschritt der Geschichte beginnt. Ihre Version könnte so weitergeführt werden:* Als ich gestern bei Papa über Kopfschmerzen klagte, schickte er mich ins Bett. Zuerst wollte ich nicht krank im Bett liegen! Wie ärgerlich! Aber irgendwie ging es mir wirklich nicht gut ...

2 ***Richtige Reihenfolge der Wörter im Lückentext:***
Gedankengang – lückenlos – Textvorlage – Gefühle und Gedanken – Wiederholungen, Fragen oder Ausrufe – ausdrucksvoll und nachvollziehbar.

3 ***Mögliche Fortsetzungen und Schlusssätze:***
- *An den Anfang zurückkehren: Aber jetzt ist er vorüber, der Albtraum, vergessen aber nicht. Morgen geht es mir bestimmt schon besser.*
- *Einen Entschluss fassen und erklären: Das nächste Mal sage ich meinem Vater, worüber ich mir Sorgen mache. Das ist doch nicht peinlich. Schließlich kann er ja keine Gedanken lesen.*
- *Die veränderten Gefühle ausdrücken: Tja, und jetzt liege ich hier. Ein wenig schlapp bin ich schon noch, aber im Vergleich zu gestern geht es mir gut. Das werde ich nicht so schnell vergessen.*

Seite 29

D

1 *a) und b)* ***Die richtige Lösung lautet:***
Text B *ist ein innerer Monolog, weil hier die Gedanken und Gefühle des Jungen in der ersten Person unmittelbar wiedergegeben werden. Es gibt keinen Erzähler, der sich in das Geschehen einmischt oder es kommentiert.*

Text A *ist kein innerer Monolog, weil hier ein Erzähler die Gedanken des Jungen wiedergibt. Er beschreibt in der 3. Person, was dem Jungen durch den Kopf geht, und befindet sich außerhalb des Geschehens. Richtig wäre: „Die ganze Zeit über dachte ich nach, warum sich niemand um mich sorgte. Man konnte doch mit mir reden ..."*

Text C *ist kein innerer Monolog, weil auch hier ein Erzähler die Situation von außen beschreibt und Sachen sagt, die der Junge wahrscheinlich gar nicht denken oder sagen würde (z. B. „seine Backen glühten ...").*

2

Beispiel für einen inneren Monolog:	*Was an diesem Beispiel gelungen ist:*
War das ein Albtraum! Mir ist noch ganz mulmig zumute. Gestern um diese Zeit dachte ich noch, ich müsse sterben! Und jetzt muss ich mich anstrengen, nicht wie ein Baby ständig zu heulen. Richtig peinlich ist mir das; aber ich kann es manchmal einfach nicht zurückhalten. Hoffentlich geht das schnell wieder vorbei!	*In der Einleitung werden die Gefühle der Figur in der aktuellen Situation dargestellt. Der Text ist in der 1. Person Singular geschrieben.*
Hundertundzwei! Eigentlich hätte ich ja selbst darauf kommen können – vierundvierzig und hundertundzwei. Dazwischen liegen ja fast … sechzig Grad! Aber ich war auch so verwirrt gestern. Ganz benommen habe ich mich gefühlt. Gleich nach dem Aufstehen war mir schwindlig und heiß. Vielleicht ist das ja typisch, wenn man Fieber hat, dass man keinen klaren Gedanken mehr fassen kann? Aber todkrank fühlte ich mich auch wieder nicht. Immerhin habe ich mich anziehen und ans Feuer setzen können. Wie hätte sich Vater wohl verhalten, wenn es wirklich so schlimm um mich bestellt gewesen wäre, wie ich die ganze Zeit über annahm? Hätte er sich auch einfach auf mein Bett gesetzt und mir vorgelesen? Um mich abzulenken vielleicht? Ich hatte solche Angst zu sterben! Den ganzen Tag. Wie langsam die Zeit verging, als Vater ausgegangen war. Und ich fühlte mich so alleingelassen.	*Hauptteil: Die Gefühle des letzten Tages werden anschaulich beschrieben. Durch Ausrufesätze, Fragen und Pausen werden die Gedanken des Jungen unmittelbar geschildert. Die Gedanken passen zu den Hinweisen im Text und zur äußeren Handlung.*
Aber böse sein kann ich ihm auch nicht. Schließlich konnte er ja nicht meine Gedanken lesen. Ich hätte ihn gleich fragen müssen! Er hätte mir erklärt, dass das Thermometer des Arztes anders misst. Und ich hätte nicht diese entsetzliche Angst haben müssen! Den ganzen Tag …	*Das Missverständnis des letzten Tages wird aufgegriffen und bewertet.*
Und ich dachte noch, dass es ihm vielleicht unangenehm ist … Ich wollte ihn ja auch nicht anstecken. Ihn nicht und die anderen im Haus auch nicht. Was denen wohl durch den Kopf ging, als ich ihnen verbot, mein Zimmer zu betreten? Die Jungen in Frankreich hatten ja Recht. Hätten sie mir nur auch erzählt, dass es unterschiedliche Arten gibt, die Temperatur bei einem Menschen zu messen …	*Weitere Elemente der Vorlage werden in die Gedanken des Jungen miteinbezogen.*
Aber jetzt ist er vorüber, der Albtraum … und beim nächsten Mal werde ich gleich nachfragen, wenn ich etwas nicht verstehe! Erst vor kurzem hat doch jemand zu mir gesagt, es gäbe keine blöden Fragen, nur blöde Antworten. Ich kann mich gar nicht mehr erinnern, wer das war. Egal. Recht hat er in jedem Fall, das weiß ich jetzt.	*Zum Schluss wird dargestellt, welchen Entschluss der Junge fasst.*

Seite 32

A

1 ***Richtige Reihenfolge:*** *1: d) → 2: a) → 3: f) → 4: b) → 5: e) → 6: c).*

B

1 ***Richtig sind:*** *a), e) und f).*
Falsch sind: *b), c), d), g) und h).*

2 ***Mögliche Angaben:***

Stanley
hat keine Freunde (Z. 12)
schiebt gern Schuld auf andere (Z. 24)
Stanleys Beschwerden gegen Mitschüler werden nicht ernstgenommen (Z. 40)
er wehrt sich nicht (Z. 46/47)
gibt die Hoffnung nie auf (Z. 31)

Lehrer:
machen grausame Bemerkungen über ihn (Z. 13/14)
finden es lustig, wenn Stanley von kleinem Jungen gehänselt wird (Z. 41)

Mitschülerinnen/Mitschüler
machen sich über ihn lustig (Z. 13)
machen ihn fertig (Z. 39/40)

Seite 33

3 *a) und b)* ***Folgendes kann im Text markiert und in der Randspalte angemerkt werden:***
(unterstrichen = was Stanley selbst tut, denkt oder sagt, durchbrochen unterstrichen = was andere über ihn äußern)

Stanley Yelnats hatte sogar die freie Wahl.	
Stanley kam aus einer armen Familie. Er war noch nie im Leben in einem Feriencamp gewesen.	*soziale Stellung*
Stanley und seine Eltern hatten sich vorzumachen versucht, er würde einfach nur für eine Weile ins Feriencamp gehen, so wie die reichen Kinder. Als Stanley noch jünger war, hatte er oft mit seinen Plüschtieren Feriencamp gespielt. Vielleicht würde er ja auch Freunde finden. Zu Hause hatte er keine Freunde. Er war übergewichtig und die anderen Kinder in seiner Schule machten sich oft darüber lustig. Sogar seine Lehrer machten manchmal irgendwelche grausamen Bemerkungen, ohne es zu merken.	*Beziehung zu seinen Mitmenschen (Mitschülern, Lehrern)*

Stanley war kein schlechter Junge. Er hatte die Tat, wegen der man ihn verurteilt hatte, nicht begangen. Er war einfach im falschen Moment am falschen Ort gewesen.	*äußeres Erscheinungsbild*
Stanley grinste. Und es ging bei ihnen eine ganze Menge schief. Immer schienen sie im falschen Moment am falschen Ort zu sein.	*Verhalten der Figur: Gewohnheiten, Einstellungen*
Obwohl sie so viel Pech hatten, gaben sie die Hoffnung nie auf. Wie sagte Stanleys Vater gern: „Aus Fehlern wird man klug."	
Als Stanley versuchte, sich auf seinem Feldbett umzudrehen, befürchtete er, es könnte unter ihm zusammenbrechen. Er passte kaum hinein.	*Verhalten der Figur: Gedanken, Absichten*
In seiner Schule hatte es einen Jungen gegeben, Derrick Dune, der ihn ständig fertiggemacht hatte. Die Lehrer hatten Stanleys Beschwerden nie ernstgenommen … Manche Lehrer schienen es sogar witzig zu finden, dass ein kleiner Junge wie Derrick es ausgerechnet auf ein Riesenbaby wie Stanley abgesehen hatte.	*wie die Figur von anderen eingeschätzt wird.*
[…] Und wenn es doch noch nicht zu spät war? Er sah zu, wie Mr. Sir X-Rays Flasche füllte. Das Bild von Zero, der über die heiße, trockene Erde kroch, ging ihm nicht aus dem Kopf. Aber was konnte er schon tun? Selbst wenn Zero nach über vier Tagen noch am Leben wäre – wie sollte Stanley ihn finden? Das würde Tage dauern. Er bräuchte ein Auto. Oder einen Pick-up. Einen Pick-up mit einem Wassertank hintendrauf.	*Verhalten der Figur; veränderte Einstellung*
Überleg's dir gut, befahl er sich selbst, aber es war keine Zeit zum Überlegen. Er riss die Wagentür auf und kletterte schnell hinein.	
Er war voll in ein Loch gefahren. Er lag am Boden und schaute auf den Wagen, der mit Schlagseite in der Erde steckte. Er seufzte. Dieses Mal konnte er seinen Ururgroßvater […] nicht verantwortlich machen. Dieses Mal war es seine eigene Schuld, hundert Prozent. Was er jetzt gemacht hatte, war vermutlich das Allerdümmste, was er in seinem kurzen, elenden Leben fertiggebracht hatte. Er schaffte es aufzustehen. Stanley rannte.	

4 *a)* ***Mögliche Eigenschaften Stanleys:***

c) Wie allen in der Familie tut es auch Stanley gut, alles auf den Ururgroßvater zu schieben. Er zeigt kein Verantwortungsgefühl.
d) Er bewahrt in allem die Fassung, lässt dabei aber auch alles mit sich geschehen, wehrt sich nicht; die Dinge kommen über ihn, wie z. B. die Turnschuhe, die ihm zum Verhängnis werden.
e) Er zeigt zum ersten Mal Verantwortungsbewusstsein, setzt sich über innere Zwiespälte hinweg und handelt.

b) ***Mögliche weitere Textstellen, aus denen Eigenschaften erschlossen werden können:***

„Als Stanley versuchte, sich auf seinem Feldbett umzudrehen … Er passte kaum hinein … war der Gestank so ekelhaft, dass er sich wieder umdrehen und versuchen musste, auf dem Rücken zu schlafen. Die Matratze stank wie saure Milch" (Z. 33–36) → Aus dieser Textstelle kann erschlossen werden, dass Stanley versucht, sich in allen Lagen und Situationen anzupassen. Er ist nicht bereit, aktiv etwas zu ändern.
Er schaffte es aufzustehen. Alle Knochen taten ihm weh, … Stanley rannte … (Z. 92–96) → Diese Textstelle zeigt, dass Stanley im Camp gelernt hat, seine Ziele zu erkennen und sie durchzusetzen, er gibt nicht auf.

Seite 34

C

1 ***Richtige Zuordnung:*** *1 b), 2 c), 3 a).*

2 ***Mögliche Lösung:***
Ich würde meine Einleitung ähnlich wie ***Beispiel C*** *verfassen, denn hier werden alle Elemente aus dem Schreibplan benannt: Autor, Titel, Textart und Ausgangssituation der Figur. Besonders gut gefällt mir, dass hier schon der Kern der Geschichte angesprochen wird, nämlich wie Stanley lernt, Verantwortung für sein Leben zu übernehmen.*
Beispiel A *vernachlässigt die Anforderungen an eine Einleitung, weder Autor noch Textart werden benannt. Der Text geht auch nicht weiter auf das eigentliche Thema der Geschichte ein.*
Bei ***Beispiel B*** *sind die Angaben, die in die Einleitung gehören, ebenfalls unvollständig. Der Inhalt der Geschichte ist zu verkürzt dargestellt, als dass daran irgendetwas deutlich wird.*

D

1 *Zuordnung der Adjektive:*
Verhalten in den geschilderten Situationen: *unschuldig, energisch, mutig, kühn, entschlossen, abwägend*
äußeres Entscheidungsbild, soziale Stellung: *übergewichtig, arm, groß, dick*
Beziehung zu anderen Figuren: *hilfsbereit, wehrlos, einfühlsam, gekränkt*
Charaktereigenschaften: *mitfühlend, optimistisch, gutgläubig, zäh, nachdenklich*

Seite 35

2 *Die Tabelle könntest du so ergänzen:*

Textstelle	*wörtliches Zitieren mit Zeilenangabe*	*Umschreibung mit eigenen Worten (Paraphrase)*
Z. 68–72	*Als Stanley die Schlüssel baumeln sah, wusste er, dass er nun handeln musste. Er versuchte, seine Angst und seine Zweifel zu unterdrücken und seinen ganzen Mut zusammenzunehmen. Er wusste, „es ist verrückt" (Z. 71), doch er musste es tun.*	*Nachdem Stanley die Schlüssel im Zündschloss entdeckt hatte, musste er handeln. Auch wenn ihm dabei klar war, dass er ein hohes Risiko einging, konnte er nicht anders.*

3 *a) und b)*

Beispiel für eine Charakterisierung:	***Was an diesem Beispiel gelungen ist:***
Die Hauptfigur Stanley Yelnats in Louis Sachars Roman „Löcher. Die Geheimnisse von Green Lake" wird unschuldig verurteilt in die texanische Besserungsanstalt Camp Green Lake eingeliefert und lernt dort, Verantwortung für sein Leben zu übernehmen.	*Im **Einleitungssatz** werden Autor, Gattung, Titel und das Thema genannt.*
Stanley kommt aus einer armen Familie. Er ist stark übergewichtig, weshalb er von seinen Mitschülern gehänselt wird. Er hat keine Freunde ist oft Opfer der Streiche seiner Mitschüler. Selbst die Lehrer nehmen seine Beschwerden nicht ernst.	***Hauptteil:*** *Zu Beginn des Hauptteils werden Angaben zur äußeren Erscheinung und sozialen Stellung der Hauptfigur gemacht.*
So hofft er, der Außenseiter, in dem Bootscamp unter den anderen Jungen Freunde zu finden. Dort muss jeder jeden Tag ein fünf Fuß tiefes und fünf Fuß breites Loch in der Wüste ausheben.. Was zunächst wie eine Erziehungsmaßnahme aussieht, dient in Wahrheit jedoch ganz anderen Zwecken.	*Kurze Zusammenfassung wichtiger Handlungsschritte*
Stanley befreundet sich mit einem Jungen namens Zero. Eines Tages kommt es zu einer Auseinandersetzung zwischen diesem und einem der Aufseher, woraufhin Zero flüchtet. Stanley ergreift mutig die Initiative, um Zero zu suchen, obwohl es sich dabei um ein gefährliches Unterfangen handelt. Als Stanley Schlüssel im Zündschloss eines Autos baumeln sieht, weiß er, dass er nun handeln muss. Er versucht, seine Angst und seine Zweifel zu unterdrücken und seinen ganzen Mut zusammenzunehmen. Er weiß, „es ist verrückt" (Z. 71), doch er muss es tun. Weil er zuvor noch nie ein Auto gefahren hat, kommt er nicht weit und fährt mit dem gestohlenen Wagen in eines der ausgegrabenen Löcher. Stanley macht jedoch erstmals in seinem Leben für sein Scheitern nicht den Familienfluch, sondern sich selbst verantwortlich.	*Schilderung des Verhaltens der Figur und das Erschließen von Eigenschaften Stanleys. Dies wird durch □ wörtliche Zitate und □ Paraphrasieren der entsprechenden Textstellen belegt.*
Mir gefällt die Figur Stanley Yelnats deshalb gut, weil es ihr gelingt, sich von einem Pechvogel und Außenseiter zu einem mutigen und selbstlos handelnden Menschen zu entwickeln, der Verantwortung für sein Handeln übernimmt und nicht mehr den Familienfluch bemüht, wenn etwas schiefgeht.	*Im **Schlusssatz** erfolgt eine eigene Beurteilung der Figur mit Begründung. Dabei wird ein wichtiges Element der Erzählung aufgegriffen.*

Seite 37

A

1 ***Richtige Reihenfolge:*** *1: c) → 2: a) → 3: e) → 4: b) → 5: f) → 6: d) → 7: g)*

B

1 *a)* ***Titel:*** *Aspekt der Gemeinsamkeit zwischen Tagebuch und Weblog*
Untertitel: *Aspekt des Öffentlichen und Privaten*

b) ***Aspekt der Gemeinsamkeit:***
- *tägliches Ritual (Z. 1–2)*
- *Ereignisse des Tages (Z. 2)*
- *über sich selbst schreiben (Z. 15–16)*
- *Tag als strukturierendes Element (Z. 16–17)*
- *facettenreiche Tagebuchkultur (Z. 14–15)*
- *erster Eintrag voll guter Vorsätze (Z. 23–25)*
- *schreibend das eigene Leben begreifen (Z. 50)*
- *Ereignisse noch mal nachlesen (Z. 55–56)*
- *letzte Botschaft hinterlassen (Z. 58)*

Aspekt des Öffentlichen und Privaten:
- *Weblog wird frei zugänglich ins Netz gestellt (Z. 5–6)*
- *Tagebuchschreiben ist verbunden mit der Vorstellung von Intimität und Privatheit (Z. 26–27)*
- *Ausstellung lädt ein, diese Vorstellung zu überprüfen*
- *Schon vor dem Internet gab es Tagebücher, die auf Veröffentlichung angelegt waren. (z. B. das Tagebuch der Anne Frank) (Z. 29–31)*
- *Tagebücher dokumentieren und werden überarbeitet (Z. 33–35)*
- *Tagebuchaufzeichnungen als Beweismittel (Z. 65–66)*

Seite 38

2 *a), b) und und c)* ***Das Schaubild könnte so aussehen:***

TAGEBUCH	*Gemeinsamkeiten*	*WEBLOG*
ist mit Vorstellungen der Intimität und Privatheit verbunden (Z. 26–27)	*tägliches Ritual (Z. 1–2)*	*wird frei zugänglich ins Netz gestellt (Z. 5–6)*
vielfältige Formen, z. B. Holzscheite (Z. 38–47)	*Ereignisse des Tages (Z. 2)*	*kann von anderen kommentiert werden Videotagebuch (Z. 46–47)*
es können Blumen oder anderes eingeklebt werden (Z. 18–19)	*über sich selbst schreiben (Z. 15–16)*	*Möglichkeit der Verlinkung (Z. 19–20)*
	Tag als strukturierendes Element (Z. 16–17)	
	facettenreiche Tagebuchkultur (Z. 14–15)	
	erster Eintrag voll guter Vorsätze (Z. 23–25)	
	schreibend das eigene Leben begreifen (Z. 49–50)	
	Ereignisse noch mal nachlesen (Z. 55–56)	
	letzte Botschaft hinterlassen (Z. 58)	
PRIVAT	*bietet Möglichkeit zu dokumentieren und zu überarbeiten (Z. 33–35)*	*ÖFFENTLICH*

C

1 ***Der Schreibplan könnte so aussehen:***
Einleitung: *Titel des Textes, Erscheinungsjahr, Name des Autors, Quellenangabe, Thema des Textes*

Hauptteil: *Zusammenfassung des Textes, Position des Autors, Textzitate als Belege, Textaufbau*

Schlussteil: *Stellungnahme zur Position des Autors, eigene Argumente*

Seite 39

2 ***Die richtige Antwort ist:*** *b).*

D

1 ***Folgende Zuordnung ist richtig:***

Zeilen	***Teilüberschrift***	***Inhaltliche Stichpunkte***
1–10	*Thema und Intention der Ausstellung*	*Verbindungslinien zwischen Tagebuch und Weblog aufzeigen*
12–24	*Gemeinsamkeiten von Tagebuch und Weblog*	*Über sich selbst schreiben, strukturierendes Moment; Einlagen, Verweise, Links; gute Vorsätze*
25–36	*Zwischen Intimität und Veröffentlichung*	*Ausstellungstitel; Beispiel Anne Frank; Aufzeichnungen überarbeiten und dokumentieren; Lebensbilder*
37–46	*Vielfalt der Formen*	*Holzscheite; Handkalender; Videotagebücher*
47–55	*Teil des Alltags*	*Das Leben strukturieren; Erlebtes Nachlesen können*
56–65	*Chance auf eine letzte Botschaft*	*Beispiel des von den Nationalsozialisten ermordeten Fritz Solmitz; Beweismittel*

Seite 40

2 ***Lösung:***
a) …, es sei für viele Menschen inzwischen ein tägliches Ritual.
b) …, dass es doch zahlreiche Verbindungslinien gebe.
c) …,dass Museumsdirektor Helmut Gold meint, es gehe bei beiden darum, über sich zu schreiben und es gehe um den Tag als strukturierendes Moment.
d) …, es falle noch eine Gemeinsamkeit beim Blättern durch die papierenen und digitalen Tagebücher auf.
e) Andrea Diener führt als Beweggrund an, dass einem irgendwie die Zeit entgleite.

Seite 41

3 a) ***Eine Tabelle mit Pro- und Kontra- Argumenten könnte so aussehen:***

„Weblogs können mit Tagebüchern nicht mithalten"

Pro-Argumente *Für die Aussage spricht:*	***Kontra-Argumente*** *Gegen die Aussage spricht:*
	Auch im Weblog kann man:
– Beim Bloggen hat man keine Privatsphäre mehr; Jeder kann Weblogs einsehen.	*– über sich selbst schreiben.*
– Der eigene Eintrag steht nicht für sich, er kann von andern kommentiert werden.	*– den Tag als strukturierendes Element sehen.* *– Einlagen, Verweise und Links einfügen.*
– Weblog ist teilweise ein Dialog und kein Monolog wie das Tagebuch.	*– gute Vorsätze beim ersten Eintrag haben.* *– das eigene Leben verstehen, strukturieren.*
– Weblogs zeigen keine Handschrift, können dafür aber z. B. Musikvideos enthalten.	*– eine letzte Botschaft weitergeben.* *– ein tägliches Ritual pflegen.*
– Weblogs sind vergänglicher, kein Buch, das man berühren oder aufschlagen kann.	*– eine Form der Kommunikation sehen.* *– Ereignisse des Tages festhalten.* *– das Geschehene als Dokument betrachten und überarbeiten.*

4

Beispiel für die Textzusammenfassung mit Stellungnahme:	***Was an diesem Beispiel gelungen ist:***
Der Text „Vom Tagebuch zum Weblog. Ausstellung ‚@bsolut privat!?' in Frankfurt" von Maria Trübswetter, veröffentlicht am 6. Juli 2008 auf der Homepage des ZDF, stellt eine Ausstellung im Museum für Kommunikation in Frankfurt am Main vor, in der klassische Tagebücher und moderne Weblogs gemeinsam gezeigt werden. Die Autorin stellt hierbei die neuen und alten Formen des Tagebuchschreibens einander gegenüber und zeigt Gemeinsamkeiten und Unterschiede auf.	***Einleitung:*** *Nennt Titel, Autorin, Quelle und Thema des Textes und gibt einen Überblick.* *Bei der Zusammenfassung des Inhalts:* *Klare Gliederung in Einleitung, Hauptteil und Schluss*
Der Text ist so aufgebaut, dass zunächst einleitend das moderne Tagebuch, das Weblog im Internet vorgestellt wird. Dieses scheint auf den ersten Blick wenig mit dem klassischen Tagebuch zu tun zu haben. Museumsdirektor Helmut Gold ordnet jedoch beide Formen einer „facettenreichen Tagebuchkultur" (Z. 14–15) zu und führt dazu folgende Beispiele an: Bei beiden gehe es darum, über sich zu schreiben und den Tag als „strukturierendes Element" (Z. 16–17) zu sehen. Im Folgenden zählt die Autorin viele Gemeinsamkeiten auf, die das Weblog mit dem klassischen Tagebuch verbinden: In beiden Fällen werden die Tagebücher mit Bildern oder Ähnlichem geschmückt. Was früher die eingeklebte Blume war, ist heute das verlinkte You-Tube-Video. Voller guter Vorsätze ist beim neuen und alten Tagebuch immer der erste Eintrag. Allerdings räumt die Autorin Maria Trübswetter ein, dass für viele Menschen das Tagebuchschreiben mit „Intimität und Privatheit" (Z. 26–27) verbunden sei. *Das Fragezeichen im Ausstellungstitel stellt dies jedoch in Frage. Schon vor dem Internetzeitalter waren auch Tagebücher auf Veröffentlichung hin angelegt, wie z. B. das der Anne Frank. Die Autorin führt zudem Beispiele bezüglich der Vielfältigkeit der Tagebücher und Weblogs auf. So habe etwa ein Zimmermann seine Gedanken auf Holzscheiten festgehalten. Andrea Diener, die in der Ausstellung ihren Weblog vorstellt, erklärt, dass es ihr vor allem darum gehe, „schreibend das eigene Leben zu begreifen" (Z. 56). Der KZ-Häftling Fritz Solmitz, der die letzten Tage seines Lebens im KZ auf Zigarettenpapier festhielt, konnte so seiner Frau und der Nachwelt eine letzte Botschaft hinterlassen. Auf diese Weise macht Maria Trübswetter in ihrem Text deutlich, dass zwischen altem und neuem Tagebuch neben einigen Unterschieden vor allem viele Gemeinsamkeiten bestehen.*	***Hauptteil:*** ☐ *Der Gedankengang des Textes wird in eigenen Worten wiedergegeben.* ☐ *Die Ausführung ist in einzelne Abschnitte gegliedert.* ☐ *Der Textaufbau wird beschrieben.* ☐ *wörtliche Zitate mit Zeilenangaben* ☐ *indirekte Rede im Konjunktiv* ☐ *Verschiedene Verben des Meinens, Sagens und Denkens werden verwendet.* ☐ *im Präsens geschrieben*
Der Aussage des Ausstellungsbesuchers „Tagebuch schreiben die Menschen schon seit Jahrhunderten – da können die Weblogs nicht mithalten" stimme ich zu, denn das Online-Tagebuch hat keine Privatsphäre mehr. Einen Weblog kann jeder im Netz einsehen und auch kommentieren. Es ist damit ein Kommunikationsmittel geworden, das den Dialog, die Auseinandersetzung sucht und damit im Gegensatz steht zur intimen Zwiesprache des ursprünglichen Tagebuchs. *Auch geht die sehr persönliche Note einer eigenen Handschrift verloren, wenn auch dafür Fotos und Videos eingestellt werden können, die den Blog sehr viel bunter gestalten als eine Tagebuchseite.* *Im Gegensatz zu der Autorin Maria Trübswetter, die in der Ausstellung „@bsolut privat!?" vor allem Übereinstimmungen zwischen klassischem und modernem Tagebuch erkennt, sehe ich einen wesentlichen Unterschied: Ein klassischer Tagebuchschreiber sucht v. a. nach der Auseinandersetzung mit sich selbst. Jemand, der einen Weblog anlegt, hat ein anderes Ziel: Er möchte seine Gedanken kommunizieren und hofft auf eine Reaktion aus dem Umfeld. Er will die Isolation aufheben, seine Gedanken nicht nur um sich selbst drehen lassen.* *Bezogen auf die Frage der Intimität und des Privaten können Weblogs daher mit dem althergebrachten Tagebuch nicht mithalten, auch der ganz persönliche Charakter eines Tagebuchs geht verloren. Im Gegenzug dazu wird die Isolation aufgehoben, drehen sich die eigenen Gedanken nicht nur um sich selbst und erhalten Impulse von außen.*	*Bei der Stellungnahme:* ☐ *Die Aussage, zu der Stellung genommen werden soll, wird noch einmal wiedergegeben.* ☐ *Die eigene Position wird klar formuliert.* ☐ *Argumente für die eigene Position werden angeführt und mit Beispielen belegt.* ☐ *Auf Gegenargumente wird eingegangen.* ☐ *Der Bezug zum Ausgangstext wird – auch in der Abgrenzung – hergestellt.* ☐ ***Schlusssatz:*** *Es wird zusammenfassend ein Fazit gezogen.* ☐ *Die wesentlichen Argumente werden zur Bekräftigung der eigenen Meinung noch einmal angeführt.*

Seite 44

A

1 *__Richtig sind:__ a), d) und e).*

2 *__Richtig sind:__ a), b) und e).*

B

1 *__Das gemeinsame Thema könnte so beschrieben werden:__ Texte und Grafiken beschäftigen sich mit dem Thema Schlankheitswahn. Vor allem junge Mädchen finden sich zu dick, doch auch Jungen leiden mehr und mehr unter Essstörungen, aus Angst zuzunehmen.*

2 *__Schlüsselwörter in M1 sind:__ Zum Beispiel: Damenkonfektionsgröße null (Z. 1); in Deutschland Größe 32 (Z. 2); 2006 (Z. 3); Körperform eines zwölfjährigen Mädchens (Z. 5–6); heftig diskutiert (Z. 6–7); untergewichtige Mannequins aus(ge)schlossen (Z. 8), zwei Fotomodels erlagen dem S.-z.-Wahn (Z. 9–10).*

3 *a) __Schlüsselwörter in M2 sind:__ extreme Zunahme von Essstörungen in den letzten Jahren (Z. 15–16); immer mehr Männer (Z. 17–18); viele Models und Schauspielerinnen … magersüchtig (Z. 19); Diskussion um Schlankheitswahn (Z. 22); Mädchen eifern … mageren Idolen nach (Z. 22–23); Körper in der Pubertät entwickelt sich ganz anders (Z. 24–25);Klassenkameraden sticheln (Z. 26); BMI zwischen 19 und 25 …normal (Z. 31); Wenn … Essen zum Problem wird (Z. 33); mit einer Person des Vertrauens … sprechen (Z. 35)*
b) __Die richtige Zuordung ist:__ 1 F, 2 C, 3 E, 4 B, 5 A, 6 D

Seite 45

4 *a) __Richtig ist:__ 2: Tortendiagramm*
b) Die Grafik ist ein __Tortendiagramm__ und zeigt, __dass der Anteil der untergewichtigen Kinder am kleinsten und der der normalgewichtigen Kinder im Alter von 0–17 Jahren am größten ist.__

5 *(1) Kleidergröße null; (2) Woche voller Modeveranstaltungen; (3) koffeinhaltiges Erfrischungsgetränk mit null Kalorien; (4) Magersucht; (5) körperliches (und geistiges) Wohlbefinden; (6) Talentschau/-wettbewerb; (7) verehrtes Vorbild; (8) Maßstab für das Körpergewicht; (9) fettleibig, ungesund dick*

C

1 *__So könnte deine Einleitung aussehen:__*
Die Frage, ob Schönheit nur bedeutet, dem mageren Schönheitsideal entsprechen zu müssen, wird in den Medien besonders nach dem Tod einiger Models diskutiert. Wichtige Aspekte zu diesem Thema kann man beiden Texten sowie der Grafik entnehmen. Der erste Text, ein Lexikonartikel (M1) aus dem Magazin zur Süddeutschen Zeitung vom 29. 12. 2006, definiert die Bezeichnung Size zero, die der deutschen Konfektionsgröße 32 entspricht und dem Körperbau eines zwölfjährigen Mädchens angepasst ist. Seit 2006 setzte sich in der Modebranche diese Größe als „Standard" durch, was zu tödlichen Hungerkuren unter den ohnehin schon untergewichtigen Models geführt hat. Der zweite Text (M2), ein Zeitungsartikel mit der Überschrift „Ich bin zu dick" von Sandra Müller, entstammt der Internetseite www.helles-koepfchen.de. Er befasst sich mit dem Kampf Jugendlicher gegen ihren Körper und zeigt auf, dass sich vor allem Jugendliche vom gängigen Schlankheitsideal beeinflussen lassen. Dies zeigt sich an der zunehmenden Zahl von Essstörungen unter beiden Geschlechtern. Lebensbedrohlich ist dabei vor allem die Magersucht, die hier definiert wird. Die Grafik zum Körpergewicht von Kindern und Jugendlichen (M3) von der Homepage www.learn-line.nrw.de veranschaulicht schließlich die Verteilung normalgewichtiger, zu dicker und zu dünner Kinder zwischen 0 und 17 Jahren.

Seite 46

2 *__Dein Hauptteil könnte zum Beispiel so lauten:__*
Die beiden Texte liefern unterschiedliche Informationen zur Ausgangsfrage. Während M1 besonders das Phänomen des „Size-zero-Wahns" betont, d. h. das Bestreben vieler Models, ihren Körper durch Mangelernährung dieser Kleinstkonfektionsgröße anzupassen, weist M2 insbesondere auf die gesellschaftlichen Zusammenhänge zwischen Essstörungen und Magersucht hin. Magersucht ist eine echte Krankheit, bei der Betroffene immer weniger Nahrung zu sich nehmen und ihr Gewicht radikal reduzieren. Viele Magersüchtige halten sich auch völlig abgemagert noch für zu dick. Diese gestörte Körperwahrnehmung gehört zum Krankheitsbild. Von dieser Krankheit sind nicht nur Mädchen, sondern mehr und mehr Jungen betroffen, da auch sie dem gesellschaftlichen Fitness- und Körperkult unterliegen. Dabei üben besonders die Medien starken Druck auf die Jugendlichen aus, da sie mit ihrem Kult um extrem dünne Stars ein ungesundes Schönheitsideal als Quelle von Glück und Erfolg zur Norm erheben. Übereinstimmend verweisen M1 und M2 auf die gesundheitlichen Risiken des übertriebenen Schlankheitswahns. So gab es bereits zwei Todesfälle in der Modebranche. Auch der negative Einfluss der Modewelt auf Jugendliche, die mit ihren untergewichtigen Models und der neuen Konfektionsgröße ungesunde und widernatürliche Schönheitsideale verbreitet, wird in beiden Texten herausgestellt. Die Grafik M3 gibt Aufschluss darüber, dass die Mehrheit der Jugendlichen normalgewichtig ist und von insgesamt 7,1 % der Risikogruppe Untergewichtiger nur 2 % stark untergewichtig sind. Es ist also nur eine Minderheit an Magersucht erkrankt. Mit insgesamt 14,5 % sind etwa doppelt so viele Jugendliche zu dick, auch hier kann eine Essstörung vorliegen. Die statistischen Daten belegen zwar, dass die Mehrzahl der Jugendlichen ein normales Gewicht hat, dennoch sind Jugendliche in der Pubertät sehr gefährdet, an Essstörungen zu erkranken. Mit dem BMI (M2), einer Messgröße für das Gewicht, kann ein normales Körpergewicht rechnerisch ermittelt werden.

3 *Eine mögliche Stellungnahme wäre (die Argumente sind unterstrichen):*
Ich meine, dass Schönheit in unserer Gesellschaft ein wichtiges Thema ist, da immer mehr Jugendliche dem Schönheitsideal der Medien entsprechen wollen. Obwohl die Mehrzahl der Jugendlichen ein gesundes Gewicht hat, tragen Zeitschriften, Werbung und Mode dazu bei, dass insbesondere Mädchen sich in der Pubertät zu dick finden und ihren schlanken Idolen nacheifern. Dass inzwischen sogar Jungen diesem Druck ausgesetzt sind und sich in Fitnessstudios für den „Waschbrettbauch" quälen, der ihnen in jedem Magazin präsentiert wird, halte ich für Beweis genug, dass die Medien zu dieser Entwicklung in erheblichem Ausmaß beitragen. Es ist verantwortungslos, Models und Stars durch solche „Standards" zu reinen Kleiderhaken zu machen, solange sich Jugendliche an ihnen orientieren. In meinen Augen ist die neue Konfektionsgröße Size zero als Schönheitsideal nicht nur lebensgefährlich, wie die Todesfälle unter den Topmodels zeigen, sondern auch gesellschaftlich hoch problematisch.

4 ***Eine Warnung könnte sein:***
Ich möchte daher insbesondere die Mädchen, aber auch die Jungen eindringlich warnen: Neben den langfristigen gesundheitlichen Folgen vermindert eine Essstörung die Lebensqualität erheblich. Sie führt nicht zur Zufriedenheit, denn schön ist nur, wer gesund ist und sich in seiner Haut wohlfühlt.
Ein Wunsch könnte wie folgt lauten:
Abschließend hoffe ich, dass die meisten Jugendlichen erkennen, dass die Idealbilder der Medien unmenschlich sind, und dass sie sich die Lust am Essen dadurch nicht vermiesen lassen. Außerdem wünsche ich mir, dass die Medien und die Modebranche aus den Todesfällen Konsequenzen ziehen, bevor es weitere Opfer unter den Models (oder unter uns Jugendlichen) gibt.

Seite 47

D

1 ***Zutreffend sind:***
a) M3; d) M3; g) M2
b) M1; e) M2;
c) M1; f) M3;

2 ***Möglich wären beispielsweise folgende Verbindungen:***
1. *Magere **Idole** aus den **Medien** sind vermutlich eine Ursache des **Schlankheitswahns,** weil/solange sich **Jugendliche** an ihnen orientieren.*
2. *Obwohl/Obgleich die **Mehrheit** der **Jugendlichen** noch **Normalgewicht** hat, ist die **Pubertät** für alle eine kritische Phase.*
3. *Der Körper entwickelt sich anders als das **Schönheitsideal,** sodass Mädchen verstärkt unter **Druck** geraten.*
4. ***Topmodels** der **Modebranche** haben nur Erfolg, wenn sie den **Schlankheitswahn** mitmachen, sodass die Modebranche in meinen Augen für die zunehmenden **Essstörungen** mitverantwortlich ist.*
5. *Konfektionsgrößen wie **Size zero** und **Topmodels** mit einem **BMI** unter 19 sollten verboten werden, da solche Körpermaße auf Kosten der **Gesundheit** „erhungert" werden.*
6. *Wenn nun zunehmend auch **Jungen** sich für ihre **Figur** und **Fitness** quälen, müssen nicht nur **Eltern** sich Sorgen machen, sondern wir alle.*

Seite 49

A

1 ***Die richtige Lösung lautet:** a), c), e) und f).*

B

1 ***Reihenfolge der Wörter im Lückentext:***
Passiv – Handelnden – etwas geschieht – Akkusativobjekt – Subjekt

C

1 ***Sinnvolle Vorgehensweisen sind:** b) → d) → e) → g).*

Seite 50

D

1 *a) und b)* ***Die richtige Lösung lautet:***
(unterstrichen = passiv; gestrichelt = aktiv)

A	*Das Fußballspiel wird pünktlich angepfiffen.*	V	*Anpfiff des Spiels*
B	*Der Ball wurde für Sekunden mit der Hand berührt.*	V	*Berührung des Balls*
C	*Bei bestimmten Regelverstößen verhängt der Schiedsrichter einen Freistoß.*	H	*der Schiedsrichter*
D	*Die Mannschaft mit dem roten Trikot hatte den Freistoß optimal genutzt und ein Tor geschossen.*	H	*die Mannschaft*

2 *a) und b)* ***Die richtige Unterstreichung und Zuordnung lautet:***
wird … gehandelt → Präsens
sind … geschossen worden → Perfekt
wird … geübt werden → Futur I
war … getroffen worden → Plusquamperfekt
wurde … gezogen → Präteritum

3 ***Richtige Umformung ins Passiv:***
Satz 1: *Fußball wird seit einigen Jahren von immer mehr Mädchen und Frauen gespielt.*
Satz 2: *Der beste Frauenfußball in Europa wird von der deutschen Frauenfußballnationalmannschaft gespielt.*

Seite 51

4 ***Die richtigen Lösungen lauten:***
1: transitives Verb *4: transitives Verb*
2: transitives Verb *5: intransitives Verb*
3: transitives Verb *6: intransitives Verb*

5 *a)* ***Die Infinitive lauten:*** *loben, feiern*
b) und c) (Prädikate in ***Fettdruck****)*
Satz 1: Präsens Passiv: Der Stürmer ***wird*** *vom Trainer für seinen Einsatz* ***gelobt.***
Futur I: Der Trainer ***wird*** *den Stürmer für seinen Einsatz* ***loben.***
Satz 2: Präsens Passiv: Der gelungene Elfmeter ***wird*** *von den johlenden Fans* ***gefeiert.***
Futur I: Die Fans ***werden*** *den gelungenen Elfmeter johlend* ***feiern.***

6 ***Lösung der Klassenarbeit***
1 ***Mögliche Antwort:***
Dass der Beitrag „Kopfball – Eine erschütternde Wissenschaft" nicht als rein wissenschaftlicher Beitrag zu verstehen ist, zeigt sich schon an dem umgangssprachlichen Stil (z. B. „gehen … hops", „unsere Kicker" etc.). Der Autor verwendet Bilder für einfache Begriffe wie z. B. „Lederkugel" für Fußball (Z. 3). Er verweist auf ein ironisches Sprichwort: „Schläge auf den Hinterkopf erhöhen das Denkvermögen" (Z. 6–7) und greift auf extreme Beispiele zurück wie etwa: „… werden die fünf Kilo Kopf … einfach weggerissen." (Z. 13–15). Darüber hinaus verwendet von Hirschhausen Neologismen, also selbst erfundene Wörter, wie „Verdummungseffekt" (Z. 28) und stellt eine unsinnige Krankheitsbestimmung auf. (Z. 28–34)

2 ***Die richtige Lösung ist:***
(Prädikate im Aktiv sind gestrichelt, im Passiv durchgehend unterstrichen)
Das Wichtigste beim Streichholz ist der Kopf. Und beim Fußballer? Hirnforscher schlagen Alarm. Mit jedem Zusammenprall von Lederkugel und Hirnlappen gehen Nervenzellen hops. Kopfbälle führen zur Hirnerschütterung, und die führt zu Gedächtnisverlust. Auch wenn die Deutschen behaupten, Schläge auf den Hinterkopf würden das Denkvermögen erhöhen, ist das Gegenteil richtig. Ein Ball wiegt zwar nur 500 Gramm, aber wenn der mit über 100 Stundenkilometern den Kopf trifft, wirkt er wie 500 Kilo. Wer köpfen will, sollte es also gut können, um die enormen Kräfte zu kontrollieren. Wird der Kopf mit Muskelanspannung fixiert, nimmt quasi der gesamte Körper den Impuls auf – andernfalls werden die fünf Kilo von den über 500 Kilo einfach weggerissen. Noch schlimmer als ein Ball sind natürlich andere Köpfe oder Pfosten, da sie noch weniger nachgeben als Leder. Solange die Gehirnerschütterung nicht ausgeheilt ist (ca. 5–7 Tage), reagiert das Gehirn extrem empfindlich auf erneute Erschütterungen. Kurioserweise sind beim vermeintlich brutaleren Boxen die Schutzbestimmungen viel schärfer als beim Fußball. Ein Boxkampf wird beendet, wenn einer der Boxer offensichtlich unter starker Bewusstseinsbeeinträchtigung leidet. Der Getroffene selbst wird für vier Wochen gesperrt. Wo aber genau die Grenze liegt, ab der es gefährlich wird, dafür hält kein Experte seinen Kopf hin. Aber eines ist klar: Der langfristige „Verdummungseffekt" unserer Kicker kann weitgehend vermieden werden, wenn Gehirnerschütterungen erkannt und ausgeheilt werden. Als Warnsymptome gelten: Der Spieler wirkt benommen, ist sich unsicher über den Spielstand, weiß nicht, gegen welche Mannschaft er gerade spielt, und antwortet langsam.

3 ***Die richtigen Tempora lauten:***
Z. 11–12: Wird der Kopf mit Muskelspannung fixiert, … → Präsens
Z. 13–14: … werden die fünf Kilo … einfach weggerissen … → Präsens
Z. 22–23: Ein Boxkampf wird beendet … → Präsens
Z. 24–25: Der Getroffene … wird … gesperrt. → Präsens
Z. 28–30: Der … „Verdummungseffekt" … kann … vermieden werden, wenn Gehirnerschütterungen erkannt und ausgeheilt werden. → Präsens

4 ***a) Mögliche Passivsätze:***
Z. 2 … es wird Alarm geschlagen
Z. 6 … auch wenn von den Deutschen behauptet wird
Z. 9 … aber wenn der Kopf mit über 100 Stundenkilometern vom Ball getroffen wird
Z. 11 … damit die enormen Kräfte kontrolliert werden können
Z. 12–13 … wird der Impuls vom gesamten Körper aufgenommen
Z. 27 … dafür wird von keinem Experten der Kopf hingehalten
b) Mögliche Begründung:
Um einen Aktivsatz in einen Passivsatz umzuwandeln, benötigt der Satz ein Akkusativobjekt. Ist das nicht vorhanden, so kann der Satz nur im Aktiv stehen. Die Verben, die kein Akkusativobjekt an sich binden, heißen intransitive Verben.

5 *Mögliche Erklärung:*
Satz 1: Der Getroffene selbst wird für vier Wochen gesperrt.
In diesem Satz steht die Verbform „wird … gesperrt" im Passiv. Das Tempus ist Präsens. Im Vordergrund steht hierbei der Vorgang (die Sperrung). Außerdem wird das Passiv mit einer Personalform von „werden" und dem Partizip des Vollverbs gebildet („wird … gesperrt").

Satz 2: Der Schiedsrichter wird den Getroffenen vier Wochen sperren.
In diesem Satz steht die Verbform „wird … sperren" im Aktiv. Das Tempus ist das Futur. Im Vordergrund steht hierbei der Handlungsträger, der Schiedsrichter, nicht der Vorgang. Das Futur I wird mit „werden" und dem Infinitiv gebildet.

Seite 53

A

1 ***Richtig ist:***
Ich muss …
… ein Pangolin beschreiben.
… Haupt- und Nebensätze unterscheiden können.
… Kommas richtig setzen können.
… Adverbialsätze unterscheiden und benennen können.

B

1 ***Die Kreuze sollten wie folgt gesetzt werden:***

	Hauptsatz	*Nebensatz*
das finite (gebeugte Verb) steht immer am Ende.		*x*
muss mindestens Subjekt und Prädikat haben	*x*	*x*
kann (in der Regel) nicht allein stehen		*x*
das Prädikat steht meistens an zweiter Satzgliedstelle	*x*	
wird durch eine Konjunktion oder ein Relativpronomen eingeleitet.		*x*
kann allein stehen	*x*	

2 ***Der Merksatz lautet:***
Im Satzgefüge müssen Haupt- und Nebensatz immer durch ein Komma abgetrennt werden. Nebensätze sind häufig ***Adverbialsätze,*** *die z. B.*
- *den Grund (→ Kausalsatz): weil, da …,*
- *die Zeit (→ Temporalsatz): als, wenn, seit, nachdem …,*
- *die Bedingung (→ Konditionalsatz): wenn, falls …,*
- *den Zweck (→ Finalsatz): damit …,*
- *die Folge (→ Konsekutivsatz): sodass, so … dass … oder*
- *den Gegengrund (→ Konzessivsatz): obwohl, wenn … auch angeben.*

Seite 54

C

1 ***Dein Arbeitsplan könnte so aussehen:***
f) → e) → c) → d) → b) → a).

D

1 *a), b), c) und d)*
Die richtige Lösung lautet:
*(**fett** = Konjunktionen, unterstrichen = Prädikate)*

Als *sich Wissenschaftler näher mit der bis dahin eher unbekannten Tierart beschäftigten, machten sie erstaunliche Entdeckungen bezüglich deren Nahrungsaufnahme.*	*Temporalsatz*
Weil *die Nahrung der Pangoline vorwiegend aus Ameisen und Termiten besteht, suchen diese Tiere gezielt auf dem Boden nach Nahrung.*	*Kausalsatz*
Mit den Krallen der Vorderfüße brechen sie außerdem die Baumrinde oder Tierbauten auf, ***damit*** *sie mit ihrer langen, klebrigen Zunge daraus ihre Beute herausfischen können.*	*Finalsatz*
Pangoline haben keine Zähne, ***sodass*** *sie ihre Beute auch nicht zerkauen können.*	*Konsekutivsatz*
Wenn *sie Ameisen und Termiten als Ganzes hinunterschlucken, so bedeutet dies,* ***dass*** *sie erst im Magen zermahlt und verdauungsfertig zerkleinert werden.*	*Konditionalsatz*

Seite 55

2 *a) und b)*

Mögliche Satzgefüge:

- *Pangoline sind nachtaktive Tiere, **sodass** sie die Tage in selbst gegrabenen Erdbauten verbringen.*
  → *Konsekutivsatz*
- *Manchmal übernehmen Pangoline die Erdbauten von tagaktiven Tieren, **weil** diese Tiere den ganzen Tag über unterwegs sind.*
  → *Kausalsatz*
- *Pangoline haben einen sehr kräftigen Schwanz, **damit** er auch als Greifschwanz zum Klettern genutzt werden kann.*
  → *Finalsatz*

3 ***Lösung der Klassenarbeit:***

1 ***Mögliche Beschreibung:***
Das Pangolin ist am ganzen Körper von Schuppen überzogen und hat einen langen, kräftigen Schwanz. Wenn das Pangolin in Gefahr ist, kann es damit um sich schlagen, oder es lässt einen ekligen Geruch ab, um seine Feinde zu vertreiben. Manchmal rollt es sich auch so fest zusammen, dass niemand es auseinanderbekommt. Da das Pangolin ein Einzelgänger ist, verlässt es sein Versteck nur in der Nacht.

2 ***a) und b)*** *(unterstrichen = Hauptsatz, **fett** = Nebensatz)*
*(1) Das Pangolin verlässt sein Erdloch nur in der Nacht, **weil es ein Einzelgänger ist.** (2) Wie Dachziegel panzern hornige Schuppen seinen Körper von der Nasen- bis zur Schwanzspitze. (3) **Obwohl es keine Zähne hat,** sollte man dem Pangolin nicht zu dicht an die Schuppen rücken. (4) **Falls man das doch tut,** teilt es mit seinem langen, kräftigen Schwanz gern mal einen Seitenhieb aus. (5) **Wenn das nicht hilft,** dann greift das Pangolin zu seiner wirkungsvollsten Waffe, **indem es aus seinen Drüsen einen fauligen Geruch düsen lässt.** (6) Diese Drüsen sitzen am Hinterteil des Tieres und enthalten ein stinkendes Sekret, **sodass jeder Angreifer auf der Stelle verduftet.** (7) Selbst Artgenossen suchen in den Wäldern und Savannen Südostasiens das Weite, **sobald ihr feines Näschen die Markierungen erschnüffelt.** (8) **Und wenn sich doch mal ein gefräßiges Geschöpf darüber hinwegsetzt,** macht sich das Schuppentier einfach selbst zur Schnecke. (9) Mit Hilfe von Muskelbändern an beiden Seiten seiner Wirbelsäule zurrt es sich so fest zusammen, **dass man seinen eingerollten Körper auch mit Gewalt nicht auseinanderbiegen kann.** (10) **Erst nachdem die Gefahr vorüber ist,** gibt es die kugelige Position wieder auf. (11) **Wenn das Schuppentier dann seinen Heimweg zu seinem Versteck antritt,** scheint es so kontaktscheu, **dass es nicht einmal den Boden berühren mag:** (12) **Damit es seine Krallen schützt,** läuft es auf den äußeren Kanten seiner Vorderfüße und schaukelt hin und her. (13) Aber mal ehrlich: Zu diesem Tier würde ein „normales" Auftreten ohnehin nicht passen.*

3 ***Es handelt sich um Adverbialsätze mit den folgenden Frageproben:***
Satz 3:
- *Obwohl es keine Zähne hat, …*
  → ***Konzessivsatz:*** *Trotz welchen Umstands?*

Satz 5:
- *Wenn das nicht hilft, dann …*
  → ***Konditionalsatz:*** *Unter welcher Bedingung?*
- *… greift das Pangolin zu seiner wirkungsvollsten Waffe, indem es aus seinen Drüsen …*
  → ***Modalsatz:*** *Auf welche Art und Weise?*

Satz 7:
- *Selbst Artgenossen suchen … das Weite, sobald …*
  → ***Temporalsatz:*** *Wann geschieht es?*

Satz 12:
- *Damit es seine Krallen schützt, läuft es …*
  → ***Finalsatz:*** *Mit welcher Absicht?*

4 ***Die Adverbialsätze könnten wie folgt ergänzt werden:***
- *Das Pangolin sieht lustig aus, nachdem es sich komplett eingerollt hat.* → ***Temporalsatz***
- *Das Pangolin sieht lustig aus, weil sein ganzer Körper aus hornigen Schuppen besteht.* → ***Kausalsatz***
- *Obwohl das Pangolin lustig aussieht, haben die Tiere Respekt vor ihm.* → ***Konzessivsatz***
- *Der Gang des Pangolin ist schaukelnd, weil es auf den äußeren Fußkanten läuft.* → ***Kausalsatz***
- *Damit es seine Krallen schützt, ist der Gang des Pangolins schaukelnd.* → ***Finalsatz***

Seite 57

Aufgabe 1: Einen lyrischen Text verstehen

2 ***Richtig ist:*** *c).*

3 ***Drei Merkmale der Ballade:***
a) wörtliche Rede (dramatisches Element)
b) Strophen, Verse, Reimschema (lyrisches Element)
c) erzählt eine Geschichte (episches Element)

4 ***Mögliche Lösung:***
a) In der Strophe zeigt sich eine Untergangsstimmung. Die Nacht, oft Sinnbild für nahendes Unglück, der Abend als Vorstufe dazu. Der „schwarze Schacht" steht für den Untergang (die Tiefe, in die das Schiff stürzen wird) und ist hier Metapher. Ursprünglich stammt der Begriff aus der Welt des Tagebaus.
b) Es handelt sich hier um eine Personifikation.

5 ***Richtig ist:*** *d).*

Seite 58

Aufgabe 2: Den Inhalt des Gedichts wiedergeben

1 a) *Präsens*
b) ***Richtig sind:** b) und c).*
c) *Die Ballade „Ballade von den Seeräubern" von Bertolt Brecht aus dem Jahr 1918 schildert abenteuerliches und hartes Seeräuberleben und hat den Untergang eines Piratenschiffs zum Thema.*

2

Beispiel für eine Inhaltsangabe:	***Was an diesem Beispiel gelungen ist:***
Die Ballade „Ballade von den Seeräubern" wurde von Bertolt Brecht 1918 geschrieben. Es wird darin das Leben von Piraten beschrieben, die erfolgreich Beute machen, am Ende aber für ihre Untaten mit dem Leben bezahlen müssen. Die Ballade zeigt damit anschaulich, dass niemand unbezwingbar ist.	***Einleitung:*** ☐ *Autor, Titel, Textsorte,* ☐ *Erscheinungsjahr* ☐ *Thema*
Die Ballade lässt sich in zwei große Abschnitte gliedern. Im ersten Teil, der die Strophen 1 bis 5 umfasst, wird vom ausschweifenden und abenteuerlichen Leben der Piraten berichtet. Dann, im zweiten Teil, wenden sich die Naturgewalten gegen die Seeräuber. Sie gehen mit ihrem Schiff unter und verlieren dabei ihr Leben.	***Hauptteil:*** ☐ *Gliederung in Sinnabschnitte* ☐ *Präsens als Tempus*
Zunächst wird das Leben der Seeräuber geschildert, das nichts mit Abenteuerromantik zu tun hat. Es ist geprägt von Hunger und Kälte. Abwechslung bieten Kartenspiel und Tanz. *Im Refrain wird nach jeder Strophe ein Loblied gesungen auf den blauen Himmel und die Winde, die ihre Segel blähen, d.h. die Fahrt antreiben.*	*Kurze Wiedergabe des Inhalts:* *1. und 2. Strophe*
Halt bietet den Piraten allein ihr Schiff, das mit Ratten und Pestanfällen noch so heruntergekommen sein mag. Obwohl sie es verfluchen, lieben sie es so, dass sie, wenn sie schon untergehen müssten, nur zusammen mit diesem versinken wollen.	*3. Strophe*
Die Jagd nach Beute ist ihr Lebensinhalt, die Gier nach Seide und wertvollen Steinen. Um diese Gier zu befriedigen, verleugnen sie jede innere Anteilnahme. Sie morden gnadenlos und haben auch vor den Toten keinen Respekt.	*4. und 5. Strophe*
Zuletzt jedoch tritt die Katastrophe ein: Die Naturgewalten wenden sich gegen die Piraten. Während der leichte Wind sie noch am Mittag in Sicherheit wiegt, nimmt dieser sie gegen Abend „in die Arme" (Strophe 7, Vers 7), bläht sich auf zum Sturm und bringt das Schiff noch vor Mitternacht an einem großen Riff zum Kentern.	*6. bis 8. Strophe*
Gerade in der dramatischen 7. Strophe verdichtet sich auch die Bildsprache im Gedicht. Durch die Personifikationen („der Azur des Abends lächelt", Vers 3; „der Wind nimmt sie in die Arme"; Vers 7) und die Metaphern (z.B. „schwarzer Schacht", Vers 4) bekommt dieses Untergehen eine große Eindringlichkeit. Die letzten Schreie der Ertrinkenden wirken wie Gesang, wenn sie noch einmal den Refrain singen	*Bildsprache im Gedicht:* ☐ *Personifikationen* ☐ *Metaphern*
Damit weist die Ballade alle wesentlichen Merkmale einer Ballade auf: Erzählende Elemente (Schilderung des Piratenlebens) wechseln sich ab mit dramatischen Elementen (Anruf an Wind und Meer im sich wiederholenden Refrain). Insgesamt entspricht die äußere Form den lyrischen Vorgaben durch die Einteilung in Strophen, Versen und dem Reimschema.	*Eingehen auf die Form der Ballade:* ☐ *lyrische* ☐ *dramatische* ☐ *epische Elemente*

Seite 59

Aufgabe 3: Fragen zu einem Sachtext beantworten

1 ***Richtig sind:** a), c) und d).*
***Falsch ist:** b).*

Seite 60

2 ***Richtig sind:** a), c), d) und e).*
***Falsch sind:** b) und f).*

3 *militärisch → Streitkräften angehörend*
Marine → alle Seeschiffe eines Staates und ihre Besatzungen
kapern → sich etwas aneignen
Anrainerstaaten → angrenzende Länder
Reederei → Schifffahrtsunternehmen

Aufgabe 4: Begründet Stellung nehmen

1 *1. **Grund:** „rechtsfreier" Raum auf den Weltmeeren nimmt zu*
*2. **Grund:** Schifffahrt wächst ins Unermessliche*
*3. **Grund:** Verarmung der an die Meere angrenzenden Länder*

2 ***Mögliche Formulierung:***
*Für viele sehr arme Menschen besteht in der Piraterie deshalb eine hoffnungsvolle Aussicht, **weil sie schnell** und relativ problemlos Schiffe überfallen können, mit geringem Risiko, erwischt zu werden. Damit können sie ihr **Überleben sichern**.*

Seite 61

3 ***Mögliche Deutung der Textstelle:***
a) Zeilen 73–74
b) Gemeint ist damit, dass Piraten skrupellos sind, vor Gewalttaten und Mord nicht zurückschrecken, nur um sich zu bereichern.

4 *a) **Teufelskreis:***
Aus ihrer verzweifelten Situation heraus werden junge Somalier zu Piraten. Durch die von ihnen dann verübten Verbrechen verschlimmern sie die Situation in ihrem Land, der Bürgerkrieg spitzt sich zu, wodurch sich die Lebenssituation für die Bevölkerung noch weiter verschlechtert.
*b) **Eine nachvollziehbare Meinung könnte sein:***
Es gilt, jungen Somaliern Alternativen zu bieten, Schulbesuch und Ausbildungsplätze anzubieten, Chance, politisch und wirtschaftlich selbst Einfluss zu nehmen.
*c) **Argument 1:** Man muss den Teufelskreis durchbrechen. Hunger und Armut treiben junge Menschen in die Piraterie.*
Beleg: Mit zunehmendem Hunger nehmen auch die Überfälle zu.
***Argument 2:** Den jungen Menschen müssen Alternativen aufgezeigt werden.*
Beleg: Hätten die Menschen die Chance, anders zu leben und ihre Familien zu ernähren, setzten sie sich auch nicht mehr den Gefahren aus.
***Argument 3:** Ausbildung und Schulbesuch für alle schaffen langfristig eine Veränderung.*
Beleg: Durch Schulbesuch und damit einhergehende höhere Qualifizierung könnten die Menschen als ausgebildete Fachkräfte eigenständig Lösungen für ihr Land herbeiführen.

5

Beispiel für eine begründete Stellungnahme:	***Was an diesem Beispiel gelungen ist:***
In ihrem gut recherchierten Artikel „Moderne Piraterie: Seeräuber an der Küste Somalias", der 2008 im Internet unter www.helles-koepfchen.de veröffentlicht wurde, vertritt die Autorin Marlen Schott die Auffassung, dass Menschen in Somalia oft keine andere Chance haben, als sich den Piraten anzuschließen.	***Einleitung** nennt:* ☐ *Autor/in* ☐ *Titel und Thema* ☐ *Textart* ☐ *Erscheinungsort und -jahr,*
Mit viel Sachkenntnis und Informationen zum politischen und wirtschaftlichen Hintergrund zählt die Journalistin Gründe auf, die v. a. junge Menschen in Somalia in die Piraterie treiben. *An erster Stelle nennt sie die Zunahme eines „rechtsfreien" Raums auf den Weltmeeren nach Ende des Kalten Kriegs und der damit einhergehenden Abrüstung. Zweitens ein gigantisches Wachstum der Schifffahrt: Bis zu 90 % aller Handelsgüter werden auf dem Schiffweg transportiert. Drittens dann die drastische Verarmung der an die Meere angrenzenden Länder, die zudem keine gefestigten Regierungen und bürgerkriegsähnliche Zustände haben. Diese Voraussetzungen begründen für viele sehr arme Menschen die hoffnungsvolle Aussicht, durch Piraterie ihr Überleben zu sichern. Die schwer beladenen Schiffe können schnell und relativ problemlos überfallen werden, mit geringem Risiko, erwischt zu werden. Darin besteht zugleich aber auch der Teufelskreis: Durch die Überfälle verschlimmert sich die Situation, der Bürgerkrieg spitzt sich zu, die Lebenssituation für die Bevölkerung verschlechtert sich noch weiter.*	***Hauptteil*** *Der Gedankengang des Textes wird in eigenen Worten wiedergegeben, die wichtigsten Zusammenhänge werden aufgezeigt*
Ich stimme Marlen Schott zu: Man muss den Teufelskreis unbedingt durchbrechen und jungen Somaliern Alternativen bieten: Schulbesuch und Ausbildungsplätze und damit die Chance, politisch und wirtschaftlich selbst Einfluss zu nehmen. Hätten die Menschen die Möglichkeit, anders zu leben und ihre Familien zu ernähren, setzten sie sich auch nicht mehr den Gefahren der Piraterie aus.	***Schluss:*** ☐ *Die Position der Autorin wird noch einmal benannt,* ☐ *die eigene Meinung begründet und mit Beispielen belegt.*
Nur Ausbildung und Schulbesuch für alle schaffen langfristig eine strukturelle Veränderung. Eine höhere Qualifizierung wird erreicht, ausgebildete Fachkräfte können eigenständig Lösungen für ihr Land herbeiführen.	*Im **Schlusssatz** (Fazit) wird die eigene Meinung auf den Punkt gebracht.*

Aufgabe 5: Aktiv und Passiv unterscheiden

1

Beispielsatz:	*Aktiv*	*Passiv*
Schiffe wurden beraubt.		*x*
Ware wurde zu Geld gemacht.		*x*
Die Entwicklung hat eine Wende genommen.	*x*	
Viele der Banden setzen mehr denn je auf Entführung und Erpressung.	*x*	
Schiffe werden gezielt auserkoren.		*x*

Seite 62

2 ***Umformung ins Passiv:***
a) Die Handelsschiffe am Sueszkanal werden von Piraten bedroht.
b) Dieser Seeweg ist seit Jahren von den Reedereien genutzt worden, weil er die kürzeste Verbindung zwischen Asien und Europa ist.
c) Fast hundert Schiffe wurden innerhalb eines Jahres von den Piraten angegriffen.

3 ***Folgende Aussagen treffen zu:** a), c) und f).*
***Folgende Aussagen treffen nicht zu:** b), d) und e).*

Aufgabe 6: Satzformen und Zeichensetzung

1 *A = einfacher Satz; B = Satzreihe; C = Satzgefüge*

Satzart	***Satzbeispiel***
A	*Die modernen Piraten fahren kleine, schnelle Boote.*
C	*Moderne Piraten können große Schiffe kapern, weil sie technisch so gut ausgestattet sind.*
B	*Die modernen Piraten sind oft recht jung und sie haben keine Schule besucht.*
C	*Es geht den modernen Piraten häufig darum, ein Schiff zu entführen, damit sie Lösegeld für das Schiff und die Besatzung erpressen können.*

Seite 63

2 ***Du solltest so unterstrichen haben:***
Da moderne Piraten, wenn sie Schiffe gekapert haben, häufig die Besatzung als Geiseln nehmen, geraten die Regierungen der Länder, unter deren Flagge die Schiffe fahren, und die Reedereien unter Druck. Die Entführer stellen hohe Lösegeldforderungen, wenn die Besatzung freikommen soll. Sobald Reedereien oder Regierungen den Forderungen nachgeben, werden Nachahmer ermutigt, ähnliche Aktionen durchzuführen. Wenn die Erpressten jedoch unnachgiebig bleiben, wird das Leben der Besatzungsmitglieder gefährdet. Meistens schalten sich hochrangige Politiker ein, die versuchen, ohne Lösegeld die Geiseln freizubekommen. Das klappt aber nicht immer.

3 ***Bestimmung der Adverbialsätze:***
a) Konditionalsatz
b) Kausalsatz
c) Kausalsatz
d) Konsekutivsatz
e) Temporalsatz

4 ***Mögliche Satzgefüge:***
Die Besatzung der gekaperten Schiffe fürchtet um ihr Leben, wenn die Piraten sie mit Maschinenpistolen bedrohen
Nachdem die Reedereien das Lösegeld bezahlt haben, kann die Besatzung mit dem leeren Schiff nach Hause fahren.
Die Angehörigen der Besatzungsmitglieder haben schlimme Tage hinter sich, weil sie sich große Sorgen um das Leben ihrer Angehörigen gemacht haben.
Alle Beteiligten versuchen, Hintergrundinformationen geheimzuhalten, damit möglichst wenig Nachahmer animiert werden.

5 ***Du solltest die Kommas wie folgt gesetzt haben:***
Gestern Abend wurde am Kap Horn ein Containerschiff von einem schnellen Piratenmotorboot gekapert, obwohl das Containerschiff durch neueste Technik vor einem Angriff geschützt schien. Als es dunkel geworden war, erklommen zehn bewaffnete Männer das Schiff. Sie fesselten den Kapitän und alle 15 Besatzungsmitglieder, nachdem sie diese mit Waffengewalt in Schach gehalten hatten. Die Besatzung wurde in einen Lagerraum gebracht, sodass sie von den weiteren Vorgängen auf dem Schiff, das nun von einem Piraten gesteuert wurde, nichts mitbekamen. Als sie diesen Schachzug ausgeführt hatten, setzten die Piraten per Funk eine Lösegeldforderung von 250 000 Dollar für Schiff und Besatzung ab.